Blitzimpulse Bewegungszeit

Aktiv und fit im Kita-Alltag

Ökotopia Verlag, Aachen

Impressum

AutorInnen Alois Hechenberger, Bill Michaelis, John M. O'Connell, Constanze Grüger, Johanna Friedl, Andrea Erkert, Annegret Frank, Brigitte Wilmes-Mielenhausen, Horst Schwarz (Hrsg.), Christine Loy, Tanja Jäger, Petra Torscher, Susanne Baur, Anne Caren Braun-Hornung
Fotos Michael C. Möller
Redaktion Hilde Adam
Covergestaltung PERCEPTO mediengestaltung
Layout & Satz designmeetsmotion.com, Tina Meffert
Druck Drukarnia Dimograf Sp. z o.o., Polen

ISBN 978-3-86702-377-1

Bleiben Sie in Kontakt

www.oekotopia-verlag.de

Inhaltsverzeichnis

Inhaltsverzeichnis

Vorwort

Kinder bleiben in Bewegung

... wenn sie immer mal wieder mit neuen und/oder ihnen bekannten Spielimpulsen in Schwung gehalten werden.

ErzieherInnen, PädagogInnen, aber auch Eltern finden unter sechs Themenbereichen eine Spieleauswahl, die Bewegung in jede Kindergruppe bringt: Egal, ob sie eines der bei allen Kindern beliebten Lauf- und Fangspiele, eines der Kletter- und Hüpfspiele suchen oder ob es ein Ballspiel sein soll, sie können alle Angebote je nach Gruppe und/oder Stimmung schnell und ohne große Vorbereitung einsetzen.

Genauso erhalten Tierspiele und Spiele mit Wasser, die nicht nur im Sommer Spaß bringen, die Spielfreude der Kinder. Zum Schluss, aber nicht zuletzt kommt die Musik mit ins Spiel, mit einer Vielzahl an Ideen, die Kinder mit Musik- und Tanzspielen in Schwung halten.

Alle hier ausgewählten Spiele sind aus bewährten Praxisbüchern erfolgreicher AutorInnen unseres Verlages entnommen und thematisch neu zusammengestellt worden.

Die Kapitel beginnen jeweils mit thematisch passenden U3-Angeboten für die ganz Kleinen und sind dann im Alter aufsteigend sortiert, sodass auch für gemischte Gruppen eine altersgerechte Spielauswahl immer schnell zu finden ist.

Viel Freude und eine bewegte Zeit wünscht

Ihr Ökotopia-Verlag

Laufspiele

Krabbeln, laufen, fangen, schleichen

„Erst das Ausleben von Bewegungen in ihrer Vielfältigkeit befähigt Kinder, sich mit sich selbst und ihrer Umwelt auseinander zu setzen und sie zu verstehen. Für die gesunde Entwicklung der Kinder ist deshalb eine breit angelegte Bewegungserfahrung unerlässlich."

Constanze Grüger

AB 1 JAHR

Krabbellabyrinth

Das Chiffontuch in der nachfolgenden Übung schult die Wahrnehmung der Kinder, da sie aus der dunklen Höhle in den hellen Zwischenraum krabbeln, der durch das Chiffontuch schön ausgeleuchtet wird.

Material: 4 kleine Kästen, 4 blaue Matten, 1 großes Chiffontuch, verschiedene Bälle

Aufbau

Die Spielleitung stellt vier Kästen zu einem Quadrat auf, sodass sie ca. einen halben Meter Abstand voneinander haben. Die blauen Matten steckt sie zwischen je zwei kleinen Kästen fest, sodass sie sich zu einem Tunnel wölben. So entsteht ein vierseitiges Tunnellabyrinth mit einem Loch in der Mitte. Über das Loch breitet die Spielleitung ein Chiffontuch aus.

AB 2 JAHREN

Stampfen, klatschen, laufen ...

Material: 1 Fotoapparat; pro Kind 1 Kissen; 4 Sport-Fliesen o. Ä., ca. 40 x 30 cm; 1 kleiner Softball

Vorbereitung

Die Spielleitung fotografiert jeweils ein Kind, wie es z. B. vom Platz aus mit den Füßen auf den Boden stampft, in die Hände klatscht, auf die Oberschenkel patscht oder auf der Stelle läuft. So entstehen vier Fotos.

Spielverlauf

Alle Kinder sitzen auf ihren Kissen im Kreis. Die Spielleitung verteilt die Fotos in der Kreismitte, auf die sie jeweils eine Sport-Fliese legt. Ein Kind erhält einen Softball, den es in Richtung der Fliesen rollt. Sollte der Ball keine Fliese treffen, rollt es ihn erneut. Berührt der Ball dann eine Fliese, dreht die Spielleitung die betreffende Fliese um, unter der nun ein Foto erscheint. Sie hält das Foto für alle Kinder gut sichtbar in die Luft, auf dem z. B. ein Kind, das auf den Boden stampft, abgebildet ist. Alle Kinder stampfen nun so lange auf den Boden, bis die Spielleitung „Stopp!" ruft und das Foto wieder verdeckt auf den Boden zurücklegt.

Eine neue Spielrunde beginnt, bei der ein weiteres Kind den Ball in Richtung der Fliesen rollt. Das Spiel ist aus, sobald alle Kinder an der Reihe gewesen sind.

U3-ANGEBOT

Parcours mit Stühlen und Matten

Wer macht mit: 6–10 Kinder, die sich krabbelnd und laufend fortbewegen, nehmen aktiv an diesem Angebot teil.

Was brauchen wir: Stühle, Matten

Was bieten wir an

Die Erzieherin baut zusammen mit den Kindern einen Parcours auf. Sie stellen z. B. Stühle gerade hintereinander, in Schlangenlinien oder verkehrt herum auf. Mit einer Matte zwischen zwei Stühlen entsteht ein Tunnel. Einige Matten legen sie als Absicherung um die Stühle herum.

Den Parcours erkunden die Kinder zunächst selbstständig: Sie können auf den Stühlen laufen, unten durch krabbeln oder kriechen, sich daran hochziehen, auf die Matten springen ... Sind sie mit dem Parcours vertraut, kann die Erzieherin ihnen mit Aufgabenstellungen neue Herausforderungen anbieten.

Was fördern wir besonders

- **Vielseitige Bewegungsförderung:** Die Kinder haben bei diesem Parcours die Möglichkeit, das Aufgebaute zu erkunden und zu entdecken, und üben dabei unterschiedliche Bewegungsmöglichkeiten.
- **Förderung des Sozialverhaltens:** Bei diesem Angebot lernen die Kinder durch das gemeinsame Tun in der Gruppe besondere Rücksichtnahme aufeinander und abzuwarten, bis sie an der Reihe sind.

U3-ANGEBOT

„Das kann ich schon" – Bewegungen erlernen und vertiefen

Was brauchen wir: Rutschfeste Socken für alle Kinder

Was bieten wir an

Bei dieser Projekteinheit sollte der Impuls erneut von den Kindern ausgehen. Die Erzieherin nimmt die Interessen und Ideen der Kinder auf und bringt ihnen damit ihre Anerkennung entgegen. Im Gesprächskreis wiederholen die Kinder zusammen mit der Erzieherin die Erlebnisse des Vortages. Einzelne Körperteile werden wiederholt, benannt und gezeigt. Danach bittet die Erzieherin, die benannten Körperteile zu bewegen.

Beispiel:
Die Kinder nennen und zeigen ihre Füße. Bei der Frage nach den Bewegungsmöglichkeiten soll den Kindern Zeit gegeben werden, dies neben dem Benennen auch vormachen zu dürfen. Die Erzieherin motiviert die Kinder zur Nachahmung. Gerne können nun alle die Bewegungen mitmachen, z. B.: „ich kann laufen" – „alle laufen mit" – „schnell und langsam" – „im Kreis" – „bis zur Wand" usw.

Die Dauer des Angebotes legen die Kinder fest. Sind sie motiviert und interessiert bei der Sache, wird fortgefahren.

Wichtig bei diesem Angebot ist, dass die Erzieherin darauf achtet, dass die Kinder gegenseitig auf sich Rücksicht nehmen und die einzelnen Bewegungen mit dem Verb benannt werden. Gerne kann die Erzieherin weitere Materialien zur Verfügung stellen, welche die Bewegung der Kinder anregt. Solche Materialien können sein: Kriechtunnel, Kartons, Bälle, Klettergerüste, Tische ...

Die Projekteinheit wird mit einem Gesprächskreis beendet. Dort haben alle die Möglichkeit, das Erlebte zu erzählen.

AB 3 JAHREN

Komm mit, lauf weg

Durch die großen, schwungvollen Bewegungen wird die Beweglichkeit der Schultern und Ellenbogengelenke geübt, gleichzeitig kommt es zu einer Entkrampfung im Schultergürtel. Und die Kinder lernen, aufeinander zu achten und in einen gemeinsamen Rhythmus zu kommen.

Die Kinder stehen im Kreis. Ein Kind läuft außen um den Kreis herum. Berührt es ein im Kreis stehendes Kind und ruft:

- *„Komm mit"*, so laufen beide Kinder in der gleichen Richtung um den Kreis weiter.
- *„Lauf weg"*, so läuft das aufgerufene Kind in die entgegengesetzte Richtung.
- Wer nach einer Umkreisung keine Lücke mehr vorfindet, ist neues „Umläuferkind" des Kreises.

Achtung!
Es muss darauf geachtet werden, dass der „Umläufer" im Schwung des Laufens das im Kreis stehende Kind wirklich nur leicht berührt, damit ihm das nicht weh tut.

AB 3 JAHREN

„Rotlicht-Grünlicht"

Ein Kind (die Ampel) stellt sich in einiger Entfernung mit dem Rücken zu den anderen Kindern hin, die alle nebeneinander in einer Reihe stehen. Das Kind (die Ampel) beginnt nun zu rufen: „Grünlicht, eins, zwei, drei, vier, Rotlicht!"

- Bei **„Grünlicht"** müssen die Kinder auf die Ampel zulaufen.
- Bei **„Rotlicht"** müssen alle sofort still stehen bleiben. Denn bei „Rotlicht" dreht sich das Ampelkind zu den anderen um.
- Erwischt es jemanden, der sich noch bewegt, wird dieser von ihm an die Startlinie zurückgeschickt.

Das Kind, das zuerst die Ampel auf der anderen Seite erreicht, hat gewonnen.

AB 3 JAHREN

Der Schleicher geht um

Dieses Spiel sagt der Spielleitung sehr viel über das Hörvermögen der einzelnen Kinder. Sie kann bei diesem Spiel darauf achten, ob ein Kind mit einem Ohr besser hört als mit dem anderen, ob es generell gut hört und sich auf ein einzelnes Geräusch konzentrieren kann.

Material: 1 Augenbinde pro Kind
Ort: Innenraum

Alle Kinder stellen sich in einen Kreis und legen mithilfe der Spielleitung ihre Augenbinden an. Die Spielleitung spielt den „Schleicher", der ganz langsam und leise durch den Raum schleicht und nur ab und zu einmal stehen bleibt.

Die Kinder haben die Aufgabe, ruhig auf ihrem Platz stehen zu bleiben und darauf zu horchen, wann der Schleicher stehen bleibt. Kann ein Kind den Schleicher nicht mehr hören und meint, er sei stehen geblieben, hebt es einen Arm. Bleibt der Schleicher stehen, wartet er drei bis fünf Sekunden, bevor er sagt: „Der Schleicher steht!" Diese Aussage dient den Kindern zur Kontrolle, ob sie den Arm zum richtigen Zeitpunkt gehoben haben.

Nach einem kurzen Moment macht sich der Schleicher wieder auf den Weg kreuz und quer durch den Raum.

Fang den Schleicher!

Der Schleicher geht erneut um, bleibt aber diesmal nicht stehen. Die Kinder laufen mit verbundenen Augen hinter dem Schleicher her und strecken ihre Arme nach ihm aus, um ihn einzufangen. Wer den Schleicher fängt, wird selbst zum neuen Schleicher.

AB 3 JAHREN

Schlittschuhlaufen

Bei diesem Spiel steht neben der Gleichgewichtsschulung auch die Materialerfahrung im Vordergrund. Außerdem erfahren die Kinder physikalische Gesetze wie z. B. Reibung. Das Spiel stellt damit eine direkte Verbindung von der Außenwelt zum eigenen Körper her.

Material: je 2 Chiffontücher, Staubtücher, Putztücher und Teppichfliesen pro Kind, mind. 1 Stuhl pro Kind; evtl. Kreppband
Ort: Raum mit glattem Boden (z. B. Laminat oder Fliesen)

Die Spielleitung legt die verschiedenen Tücher bereit und stellt die Stühle gleichmäßig verteilt im Raum auf. Je mehr Stühle aufgestellt werden, desto kleiner werden die Zwischenräume, wodurch sich der Schwierigkeitsgrad erhöht.

Alle Kinder ziehen Schuhe und Strümpfe aus und nehmen sich zwei Chiffontücher. Sie stellen sich barfuß auf die Tücher und laufen damit wie auf Schlittschuhen kreuz und quer durch den Raum zwischen den Stühlen durch. Außerdem achten sie darauf, kein anderes Kind zu berühren.

Nach einer kurzen Probephase macht die Spielleitung verschiedene Bewegungsvorschläge, z. B. vorwärts laufen, rückwärts laufen, Kurven drehen oder Paarlauf.

Zwischendurch tauschen die Kinder ihre „Schlittschuhe" immer wieder gegen andere Tücher ein, bis sie alle Materialien ausprobiert haben. Auf welchen Tüchern lässt es sich am besten durch den Raum gleiten?

AB 3 JAHREN

Flussüberquerung

Material: Kreide oder Seile, alte Zeitungen; evtl. Kartons, Kissen, Kisten, Tücher o. Ä.

Die Spielleitung markiert mit der Kreide oder den Seilen zwei Flussufer, die an manchen Stellen enger zusammenlaufen, an anderen Stellen weiter auseinander liegen.

Jedes Kind nimmt sich ein Blatt Zeitungspapier und sucht sich einen Partner. Die Zeitungsblätter stellen bei diesem Spiel flache Steine dar, mit denen die Kinder den „reißenden Fluss" überqueren werden:

Alle Kinder stehen auf einer Seite des Ufers und die Partner suchen sich gemeinsam eine passende Stelle zum Überqueren des Flusses. Jeweils ein Partnerkind legt seinen „Stein" in den Fluss und stellt sich darauf. Das andere Kind reicht ihm den zweiten Stein, der so hinter den ersten gelegt wird, dass das Kind ohne in den Fluss zu fallen – also ohne den Boden zu berühren – darauf steigen kann.

Das andere Kind steigt über den frei gewordenen Stein hinterher und stellt sich zu dem ersten Kind auf den zweiten Stein, sodass es den ersten Stein wiederum seinem Partner reichen kann, der ihn erneut vor sich anlegt. Auf diese Weise erreichen die Kinder hoffentlich trockenen Fußes das andere Ufer und tauschen dort ihre Rollen.

Variante für ältere Kinder

Die Spielleitung markiert die beiden Uferseiten diesmal parallel zueinander. Im Fluss verteilt sie gleichmäßig Kartons, Kissen, Kisten, Tücher o. Ä., die Felsen und Sandbänke andeuten.

Die Kinder finden sich in Vierergruppen zusammen und jedes Team erhält drei Zeitungsblätter. Alle stellen sich an dieselbe Uferseite und beginnen die Zeitungen wie bei dem Basisspiel als Steine in den Fluss zu legen und ihn zu überqueren.

Diesmal müssen die Kinder allerdings zusätzlich darauf achten, nicht auf einer Sandbank zu stranden oder einem Felsen zu nahe zu kommen und legen deshalb ihre Steine um diese Hindernisse herum. Dabei sollten sie aber keine großen Umwege in Kauf nehmen, denn das Team, das zuerst komplett am anderen Ufer angekommen ist, hat gewonnen.

Aber Vorsicht: Wer auf einem glitschigen Stein ausrutscht und dabei eine Zeitung zerreißt, fällt ins Wasser und wird von der Strömung so weit abgetrieben, dass er das gegenüberliegende Ufer nicht mehr erreichen kann!

AB 3 JAHREN

Verstecken mit Decken

Material: 3–5 Decken, 1 Trillerpfeife

Die Kinder breiten auf einem überschaubaren Spielfeld drei bis fünf Decken auf dem Boden aus und verteilen sich auf dem Spielfeld. Ein beliebiges Kind ist das Fänger-Kind. Das Spiel startet nach Anpfiff der Spielleitung. Kommt das Fänger-Kind einem anderen Kind zu nahe, bringt sich dieses in Sicherheit, indem es rasch unter eine Decke schlüpft und sich vor ihm versteckt.

In diesem Augenblick darf das Kind nicht mehr gefangen werden. Ist das Fänger-Kind wieder außer Reichweite, schlüpft es unter der Decke wieder hervor. Ist das Kind jedoch gefangen worden, bevor es sich verstecken konnte, dann tauschen beide ihre Rollen.

AB 3 JAHREN

Kettenfänger

Die Kinder verteilen sich im Raum. Die Spielleitung bestimmt ein Fängerkind und gibt das Zeichen zum Start. Das Fängerkind versucht ein anderes Kind zu erwischen.

Hat es ein Kind im Laufen berührt, gibt es diesem die Hand. Beide laufen zusammen weiter, um die anderen Kinder zu fangen.

Das Spiel endet, wenn alle Kinder in einer Reihe stehen.

Achtung!
Wenn die Kette ein Kind an die Wand drängen will, was sehr unangenehm sein kann, muss die Spielleitung eingreifen.

AB 3 JAHREN

Schleichwege

Material: Klebeband oder Kreide

Vorbereitung:
Markieren Sie mit Klebeband oder Kreide Schleichwege auf dem Boden. Die Schleichwege können gerade, im Kreis, gebogen, im Zickzack oder in jeder anderen beliebigen Form verlaufen. Sie können auch zu einem Ziel, etwa zu einem Mauseloch oder einer Räuberhöhle führen.

Die Kinder ziehen ihre Schuhe und Strümpfe aus, damit sie möglichst lautlos den Schleichwegen folgen können. Sie stellen sich dabei vor, dass sie Katzen auf der Jagd, Indianer oder Räuber sind, die nicht gehört werden wollen.

Varianten

Um die Bewegungen zu variieren, schleichen sie seitwärts, rückwärts oder auf allen Vieren, wie eine Katze, die Wege entlang.

Sind sie Räuber auf der Flucht, folgen sie ganz schnell, jedoch möglichst lautlos den Schleichwegen.

AB 4 JAHREN

Krabbel-Wettlauf

Bis auf zwei Kinder bilden alle einen Kreis mit Handfassung und grätschen ihre Beine.

Eines der beiden Kinder ist der Fänger und steht außerhalb des Kreises. Das zweite Kind stellt sich in die Kreismitte.

Auf ein Startzeichen der Spielleitung krabbelt das Kind im Innenkreis nacheinander durch fünf beliebige Beinpaare, indem es an einer Stelle aus dem Kreis herauskrabbelt und sofort beim Nachbarkind wieder in den Kreis zurückkrabbelt. Die Kinder im Kreis zählen alle laut die durchkrabbelten Beinpaare mit: *„Eins, zwei, drei …"*

Der Fänger im Außenkreis versucht währenddessen das Kind abzuschlagen. Das kann er allerdings nur, wenn sich das Kind außerhalb des Kreises befindet; im Innenkreis ist es in Sicherheit. Um vor dem Fänger, der nur außen um den Kreis herum läuft, einen Vorsprung zu gewinnen, darf das Kind quer durch den Kreis laufen, um sich ein neues Beinpaar zum Durchkrabbeln auszusuchen, das sich so weit weg vom Fänger wie möglich befindet.

Hat der Fänger das Kind auch beim fünften Beinpaar nicht abschlagen können, muss er in der nächsten Runde selbst in die Mitte und die Spielleitung sucht einen neuen Fänger aus. Kann er das Kind erwischen, darf er ein neues Krabbelkind bestimmen und das Krabbelkind wird zum Fänger.

AB 4 JAHREN

Zeitungslauf

Dieses Spiel eignet sich sehr gut für ausdauerschwache Kinder, denn sie können sich individuell Pausen nehmen.

Material: 1 Zeitungsblatt pro Kind

Die Spielleitung teilt jedem Kind ein Zeitungsblatt aus.

Die Kinder falten die Zeitung auf und halten sie zunächst mit ihren Händen vor den Bauch. Sie laufen los und lösen die Hände vom Blatt. Durch den Luftzug heftet sich das Blatt an den Körper. Alle Kinder laufen so lange sie können durch den Raum, ohne ihr Zeitungsblatt zu verlieren.

Wem beim Laufen die Puste ausgeht und das Blatt herunterfällt, macht eine kurze Pause, bevor er das Blatt an ein anderes Körperteil hält, z. B. an seine Hand oder seinen Arm. Wer schafft es auch beim Rückwärtslaufen die Zeitung an seinen Rücken oder sogar an seinen Po zu heften?

Variante für ältere Kinder

Die Kinder spielen in Paaren: Wird ein Kind beim Zeitungslauf müde, winkt es seinem Partner, der wartend bereitsteht. Dieser läuft neben ihm her, sodass die Zeitung im Laufen übergeben werden kann. Jetzt läuft das ausgeruhte Kind mit der Zeitung weiter und sein Partner kann sich erholen, bis wieder gewechselt wird.

AB 4 JAHREN

Dreibeinlauf

Material: je 1 Schnur, 1 Tuch oder 1 Mullbinde für 2 Kinder

Jeweils zwei Kinder stellen sich zum Dreibeinlauf dicht nebeneinander auf und fassen sich an der Hand. Die einander zugewandten Beine werden mit einem Tuch oder einer Mullbinde zusammengebunden.

Die Kinder versuchen gemeinsam, ihren „mittleren" Fuß zu bewegen. Dabei müssen sie ganz vorsichtig vorgehen, um das Gleichgewicht zu halten.

Variante

Wenn die Kinder den Bewegungsablauf gut beherrschen, kann der Dreibeinlauf auch als Wettspiel veranstaltet werden. Die Paare stellen sich nebeneinander auf. Auf das Kommando „Achtung, fertig, los!" beginnen sie zu laufen. Wer erreicht am schnellsten eine gegenüberliegende Wand oder ein anderes Ziel?

AB 4 JAHREN

Sonnenuntergang

Ein Kind stellt seinen Stuhl aus dem Kreis in die Mitte und klettert darauf. Es stellt mit nach oben gestreckten Armen die Sonne dar, in deren Schein alle anderen Kinder vergnügt im Kreis spazieren gehen.

Langsam aber geht der Tag zu Ende: Das Sonnenkind senkt ganz langsam die Arme, lässt den Kopf auf die Brust sinken und kauert sich schließlich auf dem Stuhl ganz klein zusammen, bis es auf den Boden springt – die Sonne ist untergegangen! Schnell laufen alle Kinder nach Hause zu einem freien Stuhl. Da auch das Sonnenkind einen Platz ergattern will, bleibt zum Schluss ein Kind ohne Stuhl übrig, das die nächste Sonne spielt.

Variante

Die Kinder spielen Kaninchen, die in der Dämmerung umherhoppeln. Ist die Sonne ganz untergegangen, hoppeln alle flink zu ihrem Bau unter einen freien Stuhl.

AB 5 JAHREN

Formen gehen

Dieses Spiel fordert die Wahrnehmung besonders stark, weil mehrere Informationen gleichzeitig verarbeitet und verschiedene Bewegungsabläufe koordiniert werden müssen.

Material: keins
Ort: Sandfläche

Die Kinder stellen sich mit etwas Abstand zueinander in einer oder zwei Reihen auf. Alle blicken in eine Richtung, am besten auf die Spielleitung oder draußen auf einen Baum. Bei allen Bewegungen schauen sie ausschließlich in diese Richtung.

Die Spielleitung gibt den Kindern verschiedene Formen wie Kreis, Dreieck oder bei älteren Kindern auch Zahlen oder Buchstaben vor, die die Kinder mit ihren Füßen „malen". Dazu bewegen sich die Kinder mit kleinen Schritten entsprechend der vorgegebenen Form vor, zurück oder zur Seite. Sie dürfen sich allerdings nicht durch Drehen oder Wenden mit ihrem Körper von der Spielleitung oder dem Baum abwenden, sondern bleiben mit ihrem Oberkörper immer nach vorn gewandt. Alle Drehungen oder Bögen, die in der Form vorkommen, müssen sie durch Schritte nach vorne, hinten oder zur Seite darstellen! Auf der Sandfläche können die Kinder ihre Schritte selbst nachvollziehen und sich das Ergebnis ihrer Schritte ansehen.

AB 5 JAHREN

Höhlenausgang

Bei einer Höhlenexpedition müssen alle streng in der Gruppe bleiben und können den Weg aus der Höhle nur gemeinsam schaffen …

Anzahl: 6–16 SpielerInnen
Ort: eine ebene Fläche im Freien oder im Raum
Material: 1 Hula-Hoop-Reifen
Spielart: Geschicklichkeit, Bewegung, Teamwork

Alle SpielerInnen bilden eine Reihe und halten sich an den Händen. Der erste Spieler in der Reihe hält in der linken Hand einen Hula-Hoop-Reifen, den „Höhlenausgang".

Auf ein Zeichen müssen nacheinander alle SpielerInnen ohne die Hände loszulassen den Höhlenausgang schaffen, d.h. durch den Reifen steigen. Sind alle aus der Höhle draußen, geht's wieder zurück. Jetzt aber ohne dass ein Spieler den Reifen berührt …

AB 5 JAHREN

Fangschlange

Das folgende Spiel ähnelt dem bekannten Spiel „Kettenfangen".

Alle Kinder versammeln sich auf einem überschaubaren Spielfeld. Die Spielleitung bestimmt zwei Fänger-Kinder. Alle anderen Kinder hüpfen kreuz und quer mit geschlossenen Beinen über das Spielfeld. Die Spielleitung gibt das Startkommando. Alle Fänger-Kinder laufen los und fangen jeweils ein Kind. Zusammen bilden sie nun jeweils eine Schlange, indem sie Hand in Hand weiterlaufen. Ihre freien Hände verwenden die Schlangen, um jeweils ein weiteres Kind zu fangen. Zerreißt die Kette, muss die Lücke schnellstmöglich wieder geschlossen und das Spiel fortgesetzt werden. Welche Schlange wird wohl am schnellsten aus vier Kindern bestehen?

Variante für ältere Kinder

Die Spielleitung wählt drei Kinder aus, die die anderen Kinder fangen. Sind alle Kinder eingefangen, zählen die drei Kinder ihre Ausbeute. Wer am Ende die meisten Kinder neben sich stehen hat, gewinnt das Spiel.

AB 5 JAHREN

Der Fischer

Alle Kinder stellen sich nebeneinander auf einer Seite des Spielfeldes auf. Die Spielleitung steht auf der anderen Seite – sie ist der Fischer. Nun kommt es zu folgendem Wortwechsel.

Die Kinder fragen den Fischer: *„Fischer, Fischer, wie hoch ist das Wasser?"*

Der Fischer antwortet: *„… (z. B. zwei) Meter!"*

Nun fragen die Kinder: *„Wie kommen wir da hinüber?"*

Darauf gibt der Fischer eine Anweisung, z. B.: *„Auf einem Bein hüpfend!"*

Die Kinder und der Fischer setzen sich seinen Anweisungen entsprechend in Bewegung, wobei der Fischer versucht, möglichst viele Kinder zu fangen, bevor sie die andere Seite erreichen. Die gefangenen Kinder helfen dem Fischer beim nächsten Durchgang, die übrigen Kinder einzufangen.

Das letzte Kind darf der nächste Fischer sein.

Varianten

Weil der Fantasie keine Grenzen gesetzt sind, üben die Kinder unzählige Bewegungsabläufe, z. B.:

- mit den Füßen stampfen
- im Zickzack rennen
- im Gänsemarsch gehen
- rückwärts rennen
- auf drei Beinen laufen – hierfür muss eine Hand herhalten, die sie zum Boden nehmen, usw.

AB 5 JAHREN

Hindernis-Fangen

Die Kinder bilden einen großen Kreis. Zwei von ihnen, die ca. vier Plätze voneinander entfernt stehen, treten gegeneinander an. Alle anderen Kinder stellen sich mit genügend Abstand zueinander als Hindernisse auf, z. B.:

- Sie stellen sich seitlich zur Kreismitte und grätschen ihre Beine zum Durchkrabbeln.
- Sie knien sich mit dem Kopf in Richtung Kreismitte auf den Boden und senken die Nase auf die Knie zum Überspringen oder Darübersteigen.
- Je zwei Kinder knien sich auf der Kreisbahn mit dem Gesicht zueinander hin, sodass sich ihre Knie auf dem Boden berühren, und bilden mit den Armen über ihren Köpfen ein Tor zum Hindurchklettern.

Auf ein Startzeichen der Spielleitung laufen die beiden Kinder im Uhrzeigersinn um den Kreis herum und versuchen möglichst schnell die Hindernisse auf der Kreisbahn zu überwinden. Wie viele Runden braucht das zweite Kind, um das Erste einzuholen?

AB 6 JAHREN

Blumen fangen

Durch Auszählen wird ein Kind ermittelt, das den Fänger spielen darf. Die anderen Kinder sind die Gejagten. Sobald einem Gejagten der Fänger ganz dicht auf den Fersen ist, begibt er sich in die Hocke und nennt schnell eine Blume. So kann der Jäger ihn nicht „abschlagen". Fällt dem Gejagten kein Blumenname ein, wird er gefangen und ist der nächste Jäger.

Varianten

Um das Spiel etwas schwieriger zu gestalten, darf ein Blumenname nicht zweimal hintereinander genannt werden. Es können auch Tiere, Automarken, Städtenamen, Flüsse und vieles mehr statt der Blumen benannt werden.

Anstatt den ersten Gefangenen gleich zum Jäger zu machen, können die gefangenen Kinder auch ausscheiden. Wer zuletzt übrig bleibt, darf den nächsten Fänger spielen.

Hinweis
Bei diesem Spiel üben die Kinder den Bewegungsablauf abzubrechen und plötzlich stehen zu bleiben.

Kletterspiele

Klettern, hüpfen, balancieren

„Bewegung ist ein kindliches Grundbedürfnis und zur Gesunderhaltung des Körpers unbedingt notwendig. Die Fähigkeit, Bewegungen zu koordinieren, bedeutet, verschiedene Tätigkeiten gleichzeitig und in harmonischer Übereinstimmung zu vollbringen, also zum Beispiel einen Becher Wasser zu tragen, dabei zu gehen oder gar über ein Seil zu balancieren oder eine Treppe hochzusteigen."

Johanna Friedl

U3-Angebot

Bretter und schräge Ebenen

Alter: 10/11 Monate
Anzahl: 1–2 Kinder
Ort: Gruppenraum, Bewegungsraum
Material: 1 glattes Brett (ca. 2 m lang), mehrere Polster oder Kisten (z. B. Getränkekisten) für die Variation: glatte Turnmatte oder Gymnastikbank

Vorbereitung:

Bauen Sie eine leicht erhöhte, gerade Ebene auf. Dazu wird das Brett an jeder Seite auf ein Polster oder eine Kiste gelegt.

Spielideen:

- Das Kind kann die erhöhte Fläche als Spielebene benutzen, indem es sich davor kniet und z. B. ein Spielzeug darauf bewegt. Viele Krabbelkinder lassen sich durch das Brett dazu anregen, hinauf zu klettern und an der anderen Seite wieder hinunter zu steigen oder das ganze Brett entlang zu krabbeln.
- Entfernen Sie auf einer Seite das Polster, belassen es aber auf der anderen Seite. Ermuntern Sie die Kinder dazu, nach oben zu krabbeln, z. B. indem Sie sich an das erhöhte Ende stellen, Blickkontakt aufnehmen und die Kinder ansprechen. Wer oben angekommen ist, steigt seitlich wieder ab (evtl. mit Hilfestellung) oder rutscht bäuchlings rückwärts das Brett hinunter. Später legen Sie noch ein zweites Polster über das erste, sodass die Schräge noch ausgeprägter wird.

Bitte beachten: Für Kinder, die den „Vierfüßlerstand" beherrschen und auf geradem Untergrund sicher krabbeln, bieten jetzt erhöhte und schräge Ebenen Anreiz zu neuen und vielseitigen Bewegungen. Sie bewältigen erhöhte und schräge Ebenen im „Knie-Hände-Stütz" (Beine sind gebeugt, Arme gestreckt) oder im „Bärengang" (Arme und Beine sind gestreckt).

So geht es auch:

- Nehmen Sie statt des Brettes eine glatte Gymnastikmatte, die Sie nun einseitig durch Polster oder Kisten erhöhen.
- Wenn Sie in einem Turnraum spielen, so kann eine Turnbank für Krabbel- und Kletterspiele genutzt werden. Erst bleibt die Bank flach am Boden und lädt zum Krabbeln und bäuchlings drüber rutschen ein. Dann wird sie etwas erhöht (z. B. einseitig in eine Sprossenwand eingehängt).

U3-Angebot

Kletterball

Klettern, Werfen, Koordination, Feinmotorik, Kräftigung der Arm- und Beinmuskulatur

Alter: ab 1,5 Jahren
Geräte: Sprossenwand, 1 Pylone bzw. Hütchen, 1 Seil, kleine weiche Bälle, blaue Matte, kleiner Kasten

Aufbau

Die Spielleitung bindet z. B. eine Pylone an der oberen Sprosse der Sprossenwand fest und legt die Bälle hinein. Die Turnmatte legt sie unter die Sprossenwand und platziert daneben einen umgedrehten Kasten.

Bewegungsablauf

Die Kinder klettern die Sprossenwand nach oben. Sie holen einen Ball aus der Pylone und lassen diesen fallen. Dann klettern sie die Sprossenwand wieder nach unten, heben ihren Ball auf und legen diesen in den umgedrehten Kasten.

Tipp
Es können auch mehrere Pylonen oder Hütchen in unterschiedlicher Höhe festgebunden werden.

U3-ANGEBOT

Ballablage

Klettern, Balancieren, Koordination, Feinmotorik, Gleichgewichtssinn, Kräftigung der Arm- und Beinmuskulatur

Alter: ab 1,5 Jahren
Material: 1 Sprossenwand, 1 Turnbank, 2–3 Turnmatten, 1 kleiner Karton, 1–2 Seile, 1 Schere, kleine Bälle

Aufbau

Die Spielleitung hängt die Turnbank mit einer Seite mittig in die Sprossenwand ein und legt die Turnmatten unter und vor die Bank. Sie schneidet in den Karton für die Seile auf beide Seiten zwei Löcher und bindet diesen an einer hohen Sprosse in unmittelbarer Nähe zur Turnbank fest. Die Bälle legt sie neben die Bank.

Bewegungsablauf

Ein Kind nimmt sich einen Ball und krabbelt die Bank zur Ballablage hoch. Dort legt es den Ball hinein. Nun steigt es an der Sprossenwand herunter.

U3-ANGEBOT

Hindernis-Krabbeln

Alter: ab 10 Monaten
Anzahl: 1–3 Kinder
Ort: Bewegungsraum
Material: Hindernisse nach Wahl: Pappkartons, leere Getränkekisten, leere Spielzeugkisten, Polster, Stühle – auch: gepolsterter Aufsatz eines Sprungkastens (Turngerät), evtl. Spielzeuge, Ball für die Variation: Plane oder dünne Matten

Vorbereitung:

Verteilen Sie die Hindernisse so im Raum, dass sie dicht beieinander stehen und schmale „Durchgänge" dazwischen frei bleiben.

Spielidee:

Rollen Sie einen Ball oder ein begehrtes Spielzeug zwischen den Hindernissen durch. Krabbeln die Kinder hinterher?

So geht es auch:

Legen Sie über flache Gegenstände (flache Kisten, Polster) eine Plane oder dünne Matten. Schon sind „Bodenwellen" entstanden.

Verteilen Sie einige Spielzeuge auf der welligen Fläche, sodass die Kinder zusätzlich angeregt werden, den unebenen Untergrund zu erforschen.

U3-Angebot

Rauf auf die Leiter!

Alter: ab 1,5 Jahren
Anzahl: 1–2 Kinder
Ort: Gruppenraum, Bewegungsraum
Material: standfeste Trittleiter oder Tritthocker mit 2–3 Stufen, Turnmatten oder Polster

Spielideen:

Kinder sind meist von sich aus motiviert, eine Leiter zu erklimmen. Am besten steht die Leiter vor einem großen Tisch oder vor übereinander liegenden Polstern oder Turnmatten, sodass die Kinder mit ihr eine obere Ebene erreichen können. Aber wie geht es wieder runter? Kopfüber ist natürlich nicht so günstig, vielleicht geht's ja rückwärts ... – oder welche Möglichkeiten bestehen noch? Die Kinder erproben selbst, auf welche Weise sie die obere Ebene wieder verlassen können.

Bitte beachten: Neben fest installierten Rutschen sind mobile Rutschgelegenheiten, die kurzzeitig auf- und wieder abgebaut werden können, eine gute Möglichkeit für kreative Bewegungsspiele. Hier können sich die Kinder neu orientieren, andere Bewegungsmuster ausprobieren.

U3-Angebot

Balancieren und springen

Alter: ab 2 Jahren
Anzahl: Kleingruppe
Ort: Bewegungsraum, Freigelände
Material: Turnbank (ersatzweise Getränkekisten oder stabile Spielzeugkisten mit langem Holzbrett darauf) und mindestens 1 weiche Matte, oder Baumstamm
für die Variation: ca. 6 Getränkekisten und Holzbrett
Vorbereitung: Die Turnbank im Raum aufstellen und an ein Ende die Turnmatte legen.

Spielideen:

Die Kinder balancieren über die Turnbank (oder den Baumstamm), springen am Ende ab und landen weich auf der Matte.

Bitte beachten: Manche Kinder brauchen beim Absprung Hilfestellung durch einen Erwachsenen oder ein älteres Kind, andere können schon selbstständig runterspringen. Halten Sie dem Kind, das sich noch nicht recht traut, eine Hand zur Sicherheit entgegen, ohne Hilfe aufzudrängen.

Übrigens geht es auch mit der ganzen Gruppe gemeinsam. Dazu entlang einer Längsseite der Turnbank mehrere Matten auslegen. Alle Kinder stellen sich nebeneinander auf die Bank und springen auf ein Zeichen zusammen auf die Matten.

So geht es auch:

Bauen Sie mehrere Getränkekisten oder stabile Spielzeugkisten hintereinander zu einem „Steg“ auf.

Oder Sie legen ein entsprechend langes Holzbrett über mehrere Kisten und lassen die Kinder darüber balancieren.

U3-Angebot

Korbball

Werfen, Fangen, Auge-Hand-Koordination, Gleichgewichtssinn

Alter: ab 2 Jahren
Material: 1 Sprossenwand, 1 Korb oder Eimer oder Basketballkorbständer, 1 kleiner Kasten, 1 blaue Matte, Bälle

Aufbau

Die Spielleitung bindet einen Korb o. Ä. an der Sprossenwand fest. Mit etwas Abstand stellt sie einen Kasten auf und legt zur Absicherung eine blaue Matte zwischen Kasten und Sprossenwand.

Bewegungsablauf

Die Kinder nehmen sich einen Ball, steigen auf den Kasten und zielen in den Korb.

U3-Angebot

Ballbalancieren

Balancieren, Koordination, Gleichgewichtssinn

Alter: ab 2 Jahren
Material: 1 Pezziball

Die Spielleitung klemmt einen Pezziball zwischen sich und einer Wand ein. Ein Kind klettert auf den Ball und versucht die Balance zu halten. Nach einer Weile ist das nächste Kind an der Reihe.

> *Hinweis*
> *Dem Kind Hilfestellung geben, falls es diese braucht!*

Variante: „Auf dem Ball hüpfen“

Statt zu balancieren, darf das Kind auf dem Ball hüpfen.

U3-Angebot

Tief- und Weitsprung

Alter: ab 2 Jahren (mit Varianten für jüngere und ältere Kinder)
Material: 1 Treppe, 1 großer Stein, 1 stabiler Karton, 1 Bank oder 1 Stuhl

Die Kinder steigen eine oder zwei Stufen einer Treppe hoch, sie steigen auf einen Stein, einen Karton, eine Bank oder einen Stuhl. Von dort aus springen sie auf den Boden.

Variante für jüngere Kinder

Kleinere Kinder trauen sich zunächst vielleicht nur, wenn sie von einem Erwachsenen aufgefangen werden. Sie lassen sich dann freudig in dessen Arme fallen.

Variante für ältere Kinder

Wenn die Kinder schon etwas geübtere Springer sind, kann man sie dazu anregen, möglichst weit zu springen.

U3-Angebot

Hindernislauf mit verschiedenen Gegenständen

Wer macht mit: Alle Kinder, die imstande sind, sich selbstständig fortzubewegen. Diejenigen, die schon laufen können, dürfen den aufgebauten Parcours entsprechend den Anweisungen der Erzieherin benutzen. Jüngere Kinder durchqueren ihn entsprechend ihrer Entwicklungsphase.

Was brauchen wir: Hindernisse für den Parcours, z. B. Kartons, Körbe, Stöcke, Kegel, Bälle, Stühle, Kriechtunnel ...

Was bieten wir an

Die Erzieherin überlegt sich vor der Aktion, welche Materialien sie für den Hindernislauf einsetzen möchte und wie die Kinder diesen durchlaufen sollen. Dementsprechend baut sie den Parcours auf.

Der Parcours wird den Kindern vorgestellt und die Erzieherin zeigt ihnen, welche Aufgaben sie an den einzelnen Objekten machen können, z. B. über den Stock hüpfen, unter dem Stuhl durch krabbeln, in die Kiste hinein steigen usw. Ein Kind nach dem anderen passiert nun die Hindernisse. Die Erzieherin leistet dabei Hilfestellung und gibt immer wieder bezogen auf das jeweilige Kind Tipps, wie es die einzelnen Stationen überwinden könnte. Bei den ersten Runden ist es sinnvoll, dass die Kinder hinter der Erzieherin herlaufen und sie nachahmen.

Kleinere Kinder entdecken den Parcours ohne Vorgaben auf ihre Art und Weise. Jedes Kind wird am Ende des Parcours von den anderen anerkennend mit Applaus begrüßt.

Was fördern wir besonders

- **Körpererfahrung und -beherrschung**
  Durch die verschiedenen Aufgabenstellungen, wie die Hindernisse zu überwinden sind, lernen die Kinder ihren Körper und seine Grenzen einzuschätzen und bestimmte Bewegungen ausführen.
- **Förderung des Sozialverhaltens**
  Ein Kind nach dem anderen soll die Hindernisse überwinden. Die Kinder lernen so abzuwarten, Rücksicht aufeinander zu nehmen und sich dem „Vordermann“ anzupassen.

Ab 3 Jahren

Balancieren am Bootssteg

Material: 1 Handtrommel

Für dieses Spiel brauchen die Kinder einen großen Sandkasten, auf dessen Rand jedes Kind einen Platz findet. Der Sandkastenrand ist der Bootssteg, das Gelände außerhalb des Sandkastens das Meer und der Sand im Sandkasten der Strand. Die Spielleitung gibt einen langsamen Trommelrhythmus vor. Alle Kinder gehen nacheinander auf dem Bootssteg entlang und schauen dabei hin und wieder auf das „Meer“ hinaus. Ein Unwetter zieht auf und es ist besser, an Land zu gehen. Wer wird wohl als Erster auf dem „Strand“ sein? Schlägt die Spielleitung einmal kräftig auf die Trommel, springen alle Kinder in den weichen Sand des Strandes.

Varianten

Anstatt zu gehen, können die Kinder auf dem Sandkastenrand

- auf Zehenspitzen gehen,
- rückwärtsgehen,
- seitlich Hand in Hand gehen.

AB 3 JAHREN

Seiltänzer

Material: 1 Seil oder 1 umgedrehte Langbank, 1 Stange oder 1 Besenstiel, 1 Regenschirm

Die Kinder spielen Seiltänzer im Zirkus. Mit Stange oder Besenstiel oder dem aufgespannten Regenschirm balancieren sie über ein Seil oder die Langbank. Die Kinder balancieren vorwärts, rückwärts oder seitwärts. Vielleicht können sie sogar schon ein paar Kunststücke, zum Beispiel einen kleinen Hüpfer vollbringen, auf einem Bein stehen oder sich verbeugen. Die Zuschauer belohnen den Seiltänzer natürlich mit reichlich Applaus!

AB 3 JAHREN

Auf hoher See

Material: 3–5 gleichgroße Bälle, 1 quadratisches Brett (ca. 50–80 cm)
Anzahl: max. 7 Kinder pro Brett
Ort: evtl. Wiese

Die Spielleitung legt je nach Größe des Brettes drei bis fünf Bälle auf den Boden und legt das Brett darauf, sodass alle Bälle bedeckt sind.
Ein Kind steigt auf das Brett und kniet sich darauf.

Wer möchte, hält sich mit den Händen am Rand des Brettes fest.

Die anderen Kinder sitzen um das Brett herum und versetzen es durch Rütteln und Hin- und Herschieben in zunächst leichte Schwingungen. Das Kind auf dem Brett spielt ein Schiff auf hoher See, das jedem Wetter standhalten muss. Geht ein Schiff auf hoher See schließlich doch unter, fällt also das Kind vom Brett, darf ein anderes Kind sein Glück versuchen.

Variante für ältere Kinder

Die Kinder spielen im Stehen oder sogar auf nur einem Bein. Ganz mutige Kinder schließen auf hoher See die Augen.

Hinweis
Falls die Kinder bei diesem Spiel mit ihren Kräften nicht gut haushalten können, wird das Spiel im Freien auf einer Wiese gespielt, denn auf dem Rasen verletzen sich die „Schiffbrüchigen" nicht so leicht!

AB 3 JAHREN

Balanceakte

Material: verschiedene Gerätestationen (Beschreibungen s. u.)

Die Spielleitung baut die verschiedenen Geräte als Stationen auf:

- **Mattenrolle:** 4 Reifen, 1 Matte
- **Wippe:** umgedrehte Bank, Sprungbrett, 3 Matten
- **Handkreisel:** Motorikbretter, Murmeln
- **Fußkreisel:** Motorikbrett, Murmel
- **Tastbretter:** Bretter mit verschiedener Oberflächenbeschaffenheit
- **4 Igel-Halbkugeln**
- **Wackelmatte:** 1 Matte, große Bälle

Die Kinder können alle Stationen ausprobieren. Das Material regt dazu an mit dem eigenen Gleichgewicht zu spielen. Ist die Intensive Phase zu Ende, werden alle Materialien von den Eltern, der Spielleitung und den Kinder weggeräumt.

AB 4 JAHREN

Handtuch-Rutschbahn

Bei diesem Spiel wird in erster Linie das dynamische Gleichgewicht angesprochen, das leider oft vernachlässigt wird, aber für die gesamte Körperwahrnehmung besonders wichtig ist.

Material: 1 Handtuch für 3 Kinder; evtl. Stofftiere, Korken, Wattebällchen, Bierdeckel oder andere Alltagsmaterialien
Ort: Raum mit glattem Boden (z. B. Laminat oder Fliesen) und genügend Platz

Die Kinder finden sich zu dritt in einer Gruppe zusammen und nehmen sich ein Handtuch. Sie breiten es auf dem Boden aus und ein Kind aus jedem Team nimmt darauf im Schneidersitz Platz. Die beiden anderen Kinder fassen je einen Zipfel des Handtuchs und ziehen es mit dem sitzenden Kind über den Boden. Bei dieser wilden Rutschpartie das Gleichgewicht nicht zu verlieren, ist nicht nur in den Kurven schwierig!

Die Kinder tauschen zweimal ihre Rollen, sodass jedes Kind einmal gezogen wurde.

Die Spielleitung kann verschiedene Bewegungsideen vorgeben, wobei sie darauf achtet, dass die Kinder zuerst mit den langsamen und sanften Bewegungen anfangen. Mögliche Bewegungsideen:

- schwer beladen im Schneckentempo rutschen,
- große Kurven fahren,
- kleine Kurven fahren,
- im Kreis fahren,
- schnelles Fahren auf der „Turbo-Rutschbahn“,
- Anfahren und sanftes Abbremsen.

Variante für ältere Kinder

Die Spielleitung verteilt die Alltagsmaterialien im ganzen Raum.

Die Kinder haben eine bestimmte Zeit zur Verfügung, sich gegenseitig durch den Raum zu ziehen, wobei sie auf keinen Fall anhalten dürfen.

Das Kind, das auf dem Handtuch sitzt, hat dabei die Aufgabe, so viele Gegenstände wie möglich einzusammeln und auf sein Handtuch zu legen.

Doch Vorsicht – alle sammelnden Kinder dürfen auch an einem vorbeiziehenden Rutsch-Gespann in das Handtuch greifen und sich einen oder mehrere Gegenstände dort herausholen!

Welches Team hat nach der abgelaufenen Spielzeit die meisten Gegenstände eingesammelt?

AB 4 JAHREN

Hüpf-Vorstellung

Material: Kreide oder Seile, Handtrommel

Die Spielleitung markiert einen großen Kreis mit Kreide oder Seilen auf dem Boden, um den sich alle Kinder aufstellen. Auf ein Zeichen der Spielleitung hin hüpfen alle Kinder mit beiden Beinen abwechselnd in den Kreis hinein und wieder heraus. Ertönt ein kräftiger Trommelschlag, bleiben alle sofort stehen. Die Kinder, die jetzt innerhalb des Kreises stehen, drehen sich zu den Kindern außerhalb des Kreises um und stellen sich nacheinander mit ihrem Namen vor.

Ist die Vorstellungsrunde beendet, stellen sich alle Kinder wieder vor der Kreislinie auf. In der nächsten Spielrunde können sie z. B.

- auf einem Bein springen,
- wie ein Frosch hüpfen,
- seitlich springen oder
- rückwärtsspringen.

AB 4 JAHREN

Kleine Balancierkünstler-Innen

Wenn die Kinder beim Balancieren die Hände abwechseln, fördert das Spiel auch die Seitigkeitsentwicklung.

Material: 1 Kochlöffel pro Kind

Alle Kinder spielen kleine ArtistInnen in einer Zirkusschule. Heute steht Kochlöffelbalancieren auf dem Stundenplan!

Alle Kinder nehmen sich einen Kochlöffel, strecken eine Hand nach vorne und setzen den Löffel mit dem Stab-Ende auf ihre Hand. Auf ein Zeichen der Spielleitung lassen sie gleichzeitig vorsichtig ihren Löffel mit der anderen Hand los und halten die Balance. Dabei schauen die Kinder auf das obere Ende des Kochlöffels und nicht auf ihre Hand! So fällt es ihnen leichter, kleine Schwankungen des Löffels auszugleichen.

Wer seinen Löffel fällen lässt, hebt ihn nicht auf, sondern wartet, bis nur noch ein balancierendes Kind übrig bleibt: der Balancierkünstler! Alle Kinder beginnen danach erneut gemeinsam mit dem Spiel, diesmal allerdings mit der anderen Hand. Wer wird in der nächsten Runde BalancierkünstlerIn?

AB 4 JAHREN

ArtistInnen auf dem Hochseil

Material: Seile

Die Spielleitung legt einen großen Kreis aus Seilen auf dem Boden aus. Die Kinder stellen sich mit etwas Abstand zueinander um den Kreis herum. Ein Kind denkt sich ein Kunststück auf dem Seil aus und führt es den anderen vor, z.B.: auf einem Bein auf dem Seil stehen und die Arme nach oben strecken, mit einem Bein auf das Seil knien und den anderen Fuß davor aufstellen, mit weit gegrätschten Beinen auf dem Seil stehen und das Gleichgewicht halten oder sich einmal auf dem Seil um sich selbst drehen, ohne dabei mit den Füßen den Boden zu berühren.

Alle anderen Kinder machen das Kunststück nach.

Das erste Kind blinzelt einem anderen Kind zu, das ein neues Kunststück zeigt. Nun wiederholen alle Kinder im Kreis das erste Kunststück und ahmen dann das zweite nach. Nach vier bis fünf Durchgängen verneigen sich die ArtistInnen auf dem Hochseil vor ihrem imaginären Publikum und die Spielleitung spendet Beifall.

AB 4 JAHREN

Ozeanreise

Material: Teppichfliesen oder Tücher; evtl. Filzdeckel
Vorbereitung: Legen Sie eine Reihe von Teppichfliesen oder Tüchern aus. Achten Sie dabei darauf, dass die „Inseln" nicht rutschen (am besten auf Teppichboden oder im Freien).

Der Boden ist der Ozean, die Teppichfließen sind Inseln. Die Kinder versuchen, das Meer zu überqueren, indem sie von Insel zu Insel springen.

Vorsicht, im Meer lauern Haie, deshalb darf man nicht daneben treten.

Variante

Noch schwieriger wird es, wenn die Inseln sehr klein sind. Mit Filzdeckeln lassen sich zum Beispiel ganz kleine Inseln zaubern.

AB 4 JAHREN

Ich bin ein Roboter

Dieses Spiel erfordert viel Vertrauen in den Partner, deshalb brauchen die Kinder vor allem für die Variante eine gewisse Vorlaufzeit.

Material: keins; evtl. 1 Augenbinde pro Kinderpaar
Ort: auf einer Fläche von ca. 20 m^{2,} max. 10 Kinder

Die Kinder finden sich zu Paaren zusammen. Eines der Kinder spielt einen Roboter und bewegt sich entsprechend eckig und kantig. Die Roboter besitzen auf jeder Schulter einen Knopf, mit denen ihre Partner sie lenken können: Wird der Knopf auf der rechten Schulter gedrückt, dreht sich der Roboter um 90 Grad nach rechts, bei der linken Schulter 90 Grad nach links.

Alle Roboter bewegen sich auf ein Signal der Spielleitung langsam in eine Richtung. Die anderen Kinder lenken ihren Roboter durch Knopfdruck und achten darauf, dass er nicht vor eine Wand oder gegen einen anderen Roboter läuft. Passiert doch ein Zusammenstoß, tauschen die Kinder ihre Rollen.

Varianten für ältere Kinder

- Die Roboter erhalten eine Augenbinde und strecken die Arme nach vorne, damit sie etwas geschützter sind, falls es einen Zusammenstoß gibt. Bei dieser Variante gehen die Roboter oft langsamer und konzentrieren sich mehr auf ihre „Knöpfe", die das führende Kind drückt!
- Das führende Kind hat zwei Roboter gleichzeitig zu beaufsichtigen! Beide Roboter werden Rücken an Rücken gestellt und laufen gleichzeitig los. Das führende Kind soll beide Roboter durch entsprechendes Drücken der Knöpfe wieder zueinander bringen, bis sie voreinander stehen.

Hinweis
Für diese Variante benötigen die Kinder viel Platz, damit diesmal nicht alle Roboter durcheinander laufen.

Ab 4 Jahren

Überraschungs-Clowns

Sich selbst und andere zu schminken bereitet Kindern auch über die 5. Jahreszeit hinaus immer viel Spaß!

Material: pro Kind 1 Schminkstift, 1 Handtrommel

Alle Kinder sitzen im Stuhlkreis und erhalten jeweils einen Schminkstift. Die Spielleitung beginnt zu trommeln und alle Kinder laufen im Innenkreis umher.

Verstummt die Trommel mit einem letzten, kräftigen Schlag, suchen sich alle Kinder einen freien Platz. Sie wenden sich einem ihrer Nachbarn zu und bemalen sich gegenseitig parallel die Gesichter.

Beginnt die Trommel wieder zu schlagen, stehen alle Kinder auf und laufen im Kreis durcheinander, bevor sie sich bei der nächsten Malrunde mit einem neuen Partner im Kreis zusammenfinden.

Nach einigen Durchgängen schauen sich alle Kinder im Spiegel an: Wer hat das lustigste und verrückteste Clown-Gesicht?

Ab 5 Jahren

Wer hat sich versteckt?

Die Kinder teilen sich in zwei gleich große Gruppen auf und bilden nicht zu weit voneinander entfernt jeweils einen Spielkreis.

Alle schließen die Augen. Die Spielleitung geht nacheinander um die Kreise herum und tippt aus jeder Gruppe einem beliebigen Kind auf die Schultern. Die ausgewählten Kinder verlassen möglichst leise ihren Kreis und verstecken sich nicht zu weit von der Gruppe entfernt. Auf das Startkommando der Spielleitung öffnen alle anderen Kinder ihre Augen. Sobald eine Gruppe herausgefunden hat, wer von ihnen fehlt, macht sie sich auf die Suche nach dem Kind. Entdeckt eine Gruppe ein verstecktes Kind der anderen Gruppe, dann hüllt es sich in Schweigen. Die Gruppe, die als erste das gesuchte Kind findet, gewinnt das Spiel.

Variante für jüngere Kinder

Alle Kinder sitzen im Spielkreis und schließen ihre Augen. Die Spielleitung tippt zwei bis drei Kinder an, die sich auf einem überschaubaren Spielfeld verstecken. Danach öffnen alle Kinder ihre Augen und überlegen, welche Kinder fehlen. Haben die Kinder herausgefunden, wer von ihnen fehlt, machen sie sich auf die Suche nach den betreffenden Kindern.

Ab 5 Jahren

Kletter-Staffel

Material: 2 Leitern, 1 Trillerpfeife, 1 dicke Paketschnur, 1 Stoppuhr oder Uhr mit Sekundenzeiger
Vorbereitung: Die Spielleitung bindet zwei Leitern an jeweils einen großen, dicken Baum, die nicht zu weit voneinander entfernt stehen sollten.

Spielablauf

Die Kinder bilden zwei Gruppen. Jede Gruppe wählt einen von den Bäumen aus und stellt sich hintereinander vor der dazugehörigen Leiter auf. Gibt die Spielleitung den Startpfiff, klettert jeweils das erste Kind aus jeder Gruppe rasch die Leiter hinauf und wieder herunter. Dann schlägt jedes Kind das vorderste Kind aus seiner Gruppe ab und stellt sich hinten in der Reihe wieder an. Die nächsten beiden Kinder klettern ebenfalls ihre Leiter hoch und schließlich wieder hinunter. Die Gruppe, die am schnellsten wieder so wie am Anfang steht, ist Sieger!

Variante für jüngere Kinder

Das Spiel verläuft so, wie oben beschrieben, jedoch klettern die Kinder lediglich drei bis vier Stufen hoch und dann hinunter.

AB 5 JAHREN

Affenstarke Kletterkids

Material: 1 Klettergerüst oder 1 Leiter sowie 1 dicke Paketschnur und 1 Schere, Klebepunkte in 2–3 verschiedenen Farben

Vorbereitung: Die Spielleitung bindet ggf. eine Leiter an einen großen, dicken Baum.

Spielablauf

Die Kinder bilden zwei bis drei gleich große Gruppen. Jede Gruppe nimmt sich Klebepunkte in einer bestimmten Farbe. Alle stellen sich vor ein großes Klettergerüst oder eine Leiter, die an einen Baum gebunden ist.

Sie klettern nacheinander auf das Gerüst oder die Leiter. Dabei bestimmt jedes Kind selbst, wie hoch es klettern möchte. Sie kleben am äußeren Rand der Sprosse oder Stufe, auf die sie als Letztes getreten sind, ihren Klebepunkt und klettern wieder herab. Allmählich kommen immer mehr Klebepunkte hinzu. Am Ende zählt jede Gruppe die Sprossen oder Stufen, die zu ihren Klebepunkten führen. Dabei ergibt jede Sprosse oder Stufe einen Punkt. Welche Gruppe hat wohl die meisten Punkte?

AB 5 JAHREN

Lauf zum Baum!

Material: für alle Kinder außer zwei 1 Hula-Hoop-Reifen

Die Kinder legen mit den Reifen einen großzügigen Kreis. Ein Kind steht in der Kreismitte. Alle anderen laufen so lange im Slalom um die einzelnen Reifen herum, bis das Kind aus der Kreismitte ganz laut „Hopp, hopp, in die Reifen!“ ruft. Das Kind, das keinen freien Reifen findet, muss blitzschnell reagieren. Es läuft zu einem Baum und versteckt sich hinter dem Baumstamm. Das Kind aus der Kreismitte jagt hinter ihm her.

Lässt sich das Kind einfangen, tauschen beide ihre Rollen. Andernfalls bleibt es bei der alten Rollenverteilung.

Variante für ältere Kinder

Das Kind, das keinen freien Reifen findet, muss zu einem Baum hüpfen, um sich hinter diesem in Sicherheit zu bringen. Das Jäger-Kind darf sich ebenfalls nur hüpfend fortbewegen.

AB 6 JAHREN

Unsichtbares Schnurspringen?

Zum „Munterwerden" hilft am besten eine Runde Schnurspringen …

Anzahl: beliebig viele SpielerInnen
Ort: eine ebene Fläche im Freien oder im Raum
Material: evtl. Musik
Spielart: Bewegung, Fantasie

Alle SpielerInnen stehen im Kreis. Der Spielleiter erklärt, dass in der Mitte des Kreises genug „Fantasieschnüre" bereit liegen und lädt alle ein sich eine solche Fantasieschnur – natürlich mit passender Länge! – auszusuchen.

Die SpielerInnen gehen in den Kreis, „bedienen" sich, gehen wieder auf ihren Platz und es geht los.

Alle springen gemeinsam im Rhythmus, wie beim wirklichen Schnurspringen.

Wenn das gut klappt, zeigt der Spielleiter einige Tricks vor, die alle einlernen, z. B. einen Doppelsprung machen, die Schnur beim Springen überkreuzen usw.

Wichtig beim Schnurspringen ist ein gutes „Timing", d. h. im richtigen Moment mit beiden Beinen hochspringen.

Anmerkung: Musik im Hintergrund

AB 6 JAHREN

Robin Hood

Robin Hood und Little John wollen einen Bach überqueren. Doch vor allem wollen sie zeigen, wer von ihnen der Stärkere ist …

Anzahl: 6 – 26 SpielerInnen
Ort: eine ebene Fläche im Freien oder im Raum
Material: keines
Spielart: Körperkontakt, Gleichgewicht

Die SpielerInnen bilden Paare und spielen als „Robin Hood" und „Little John".

Sie stehen sich in einem Abstand von ca. 50 cm mit geschlossenen Beinen gegenüber. Die Handflächen strecken sie in Brusthöhe senkrecht abgewinkelt nach vorn, so dass sie sich gut berühren können. Auf ein Zeichen versuchen beide den anderen ausschließlich durch „Abklatschen" (kurze, kräftige Berührung der Handflächen – kein kräftiges Drücken!) aus dem Gleichgewicht zu bringen. Wer als Erster einen Fuß von der Stelle nimmt, hat verloren. 2–3-mal wiederholen und dann neue Paare bilden.

Variante „Auf einer Linie"

Beide SpielerInnen stellen sich auf einer gemeinsamen Linie in Schrittstellung gegenüber auf und geben sich die rechte Hand. Auf ein Zeichen versuchen sie nur durch Drücken oder Ziehen der rechten Hand den Partner aus dem Gleichgewicht zu bringen.

Ballspiele

Rollen, werfen, zielen, treffen

„Ein Ball ist nicht nur ein Handgerät, er bietet so viel mehr. Er ist ein Spielzeug, vielfältig einsetzbar und kann überall hin mitgenommen werden. Bälle können zur Bewegungs- und Wahrnehmungsschulung, Massage, Ausprägung des Körpergefühls und für vieles mehr genutzt werden. Ballgewöhnung in diesem Sinne bedeutet, die Kinder spielerisch, altersgerecht und ganzheitlich an den Umgang mit dem Ball heranzuführen und Freude an der Bewegung zu vermitteln."

Anne Caren Braun-Hornung

U3-ANGEBOT

Luftballon-Rakete

Greifen, Krabbeln, Kriechen, Wahrnehmung, Feinmotorik

Alter: ab 1 Jahr
Material: 1 Luftballon

Die Kinder sitzen im Kreis. Die Spielleitung pustet einen Luftballon auf. Alle, die können, zählen 1–2–3 und die Spielleitung lässt den Luftballon los: *Hui, da saust er davon. Der hat es aber eilig* ... Wer möchte und kann, krabbelt oder läuft hinterher und greift sich den Ball.

U3-ANGEBOT

Stopp-Spiel mit Aufgaben

Werfen, Rollen, Koordination

Alter: ab 2 Jahren
Material: verschiedene Bälle, Musik

Die Kinder bewegen sich mit je einem Ball in der Hand zur Musik. Wenn die Musik stoppt, bleiben die Kinder stehen und legen ihre Bälle vor die Füße. Die Spielleitung gibt ihnen eine Bewegungsaufgabe: z. B. „... *werft den Ball* ...“, „... *setzt euch drauf* ...“, „... *rollt den Ball um euch herum* ...“ usw.

Zwischen jeder Bewegungsaufgabe setzt die Musik erneut ein und die Kinder bewegen sich mit ihrem Ball in der Hand wieder durch die Halle.

Variante für Kinder ab 2,5 Jahren

Für die Laufphasen können den älteren Kindern weitere Bewegungsformen vorgegeben werden, wie z. B. „... *wenn die Musik angeht, bewegt ihr euch hüpfend fort* ...“.

U3-ANGEBOT

Kegeln

Werfen, Zielen, Rollen, (Auge-Hand-)Koordination

Alter: ab 2 Jahren
Material: 2 Gymnastikmatten, 9 Gymnastikkegel, Softbälle

Aufbau

Die Spielleitung stellt die Kegel auf – am besten vor eine Wand. Die Matten bilden links und rechts davon die Banden. Je nach Alter markiert sie einen Orientierungspunkt bzw. eine Abrolllinie, neben die sie die Bälle ablegt.

Bewegungsablauf

Nun darf gekegelt werden. Die Kinder rollen eines nach dem anderen die Softbälle über den Boden und zielen damit auf die Kegel. Wer schafft alle „Neune“?

Tipp
Anstelle von Kegeln können auch Plastikflaschen oder Gymnastikkeulen verwendet werden.

U3-Angebot

Balltransport für Starke

Koordination

Alter: ab 2 Jahren
Material: 1 Karton, 1 Rollbrett, 1–2 Seile, verschiedene Bälle, 3 kleine Kästen

Aufbau

Die Spielleitung befestigt einen Karton mithilfe von Seilen auf dem Rollbrett. Sie stellt einen kleinen Kasten auf den Boden, den zweiten stellt sie umgedreht oben drauf (Abladeplatz). Den dritten kleinen Kasten stellt sie mit etwas Abstand zum Abladeplatz umgedreht gegenüber auf und füllt dort die Bälle rein.

Bewegungsablauf

Die Kinder beladen den Karton auf der Rollkiste gemeinsam mit Bällen und transportieren die Bälle zum Abladeplatz. Dort leeren sie ihren Karton aus und holen die nächsten Bälle ab.

> *Hinweis*
> *Hilfestellung! Auf die Hände achtgeben, dass diese nicht unter die Räder vom Rollbrett gelangen!*

U3-Angebot

Ball schwingen

Alter: ab 2 Jahren
Material: große Tücher, Bälle oder Luftballons; evtl. Handtücher, Bettlaken

Zwei oder vier Kinder halten ein großes Tuch in Händen, auf dem ein Ball liegt. Durch kräftiges Auf- und Abschwingen mit den Armen können sie den Ball aus dem Tuch befördern. Schwieriger wird es, wenn die Kinder versuchen, den Ball in die Luft zu schleudern und mit dem Tuch wieder aufzufangen. Sie können auch mit einem Handtuch spielen. Wenn sie das Handtuch nicht schwingen, sondern nur lockern und straffen, lässt sich der Ball ebenso in Bewegung setzen.

Variante

Auf ein Bettlaken werden mehrere Luftballons gelegt. Nun fassen viele Kinder das Laken mit beiden Händen an und schwingen es schnell und gleichmäßig auf und ab. Auf diese Weise werden die Luftballons in die Luft geschleudert und mit dem Betttuch wieder aufgefangen.

> *Hinweis*
> *Durch die großen, schwungvollen Bewegungen wird die Beweglichkeit der Schultern und Ellenbogengelenke geübt, gleichzeitig kommt es zu einer Entkrampfung im Schultergürtel. Und die Kinder lernen, aufeinander zu achten und in einen gemeinsamen Rhythmus zu kommen.*

AB 3 JAHREN

Turnen mit Luftballons

Wer macht mit: 6–8 Kinder, die bereits laufen können. Kinder, die krabbeln, und Säuglinge werden für sich die Luftballons entdecken, damit spielen und das Geschehen beobachten.
Was brauchen wir: aufgeblasene Luftballons, Kissenhülle oder Bettbezug, 1 Matte, CD mit Kinderliedern, CD-Player

Was bieten wir an

Die Erzieherin bläst im Vorfeld des Angebotes für jedes Kind (und auch für sich selbst) einen Luftballon auf. Für den Fall, dass Luftballons während des Turnens platzen, sollten gleich noch Ersatzballons aufgeblasen werden. Die Erzieherin steckt die Luftballons in einen großen Sack (oder Kissenbezug) und nimmt diesen mit in den Bewegungsraum. Hier darf nun jedes Kind vorsichtig den Sack befühlen und erraten, was sich darin befindet.

Erst dann öffnet sie den Sack und die Kinder erfahren, dass sie heute mit Luftballons turnen. Jedes Kind nimmt sich nun einen Ballon aus dem Sack heraus. Zu Beginn ist es wichtig, dass die Kinder ca. 5–10 Minuten freie Zeit bekommen, um sich mit den Ballons zu beschäftigen. Dazu wird eine Musik eingespielt, die zur Bewegung im Raum einlädt. Die Erzieherin bewegt sich selbst auch mit ihrem Luftballon (läuft einmal langsam, einmal schnell, wirft den Ballon hoch usw.) und beobachtet dabei die Kinder.

Wenn sie sieht, dass den Kindern die Spielideen ausgehen, ruft sie alle zu sich und erklärt, dass sie nun gemeinsame Übungen mit dem Luftballon machen werden, z. B.:

- Mit dem Luftballon in der Hand durch den Raum laufen und ihn dabei schütteln.
- Mit dem Luftballon in der Hand rennen und ihn schneller schütteln.
- (Diese beiden Übungen können abwechselnd ausgeführt werden)
- Die Kinder bilden einen Kreis und folgen den Vorgaben der Erzieherin:
- Sie werfen ihren Luftballon hoch und versuchen ihn wieder aufzufangen, werfen ihn wieder hoch und fangen ihn wieder auf usw.
- Sie halten den Ballon fest, strecken die Arme hoch und halten den Luftballon über den Kopf, anschließend bücken sich alle mit dem Ballon nach unten.
- Die Kinder legen den Luftballon auf den Boden und gehen in den Vierfüßlerstand. Sie stoßen den Ballon mit einer Hand weg und krabbeln hinterher.

Die Erzieherin sollte die Kinder bei diesen Übungen immer wieder loben und durch deutliche Signale, wie z. B. „hoch" und „wieder fangen" motivieren. Zudem beobachtet sie die Kinder und geht auf deren Bedürfnisse ein, denn es gibt Tage, da haben die Kinder einen größeren Bewegungsdrang und wollen sich austoben ...

Die Musik kann während der Übungen im Hintergrund leise weiterlaufen.

Tipp:

Es ist sehr wichtig, sich viel Zeit für jede Übung zu nehmen und diese zur Vertiefung oft zu wiederholen. Wenn das Material den Kindern bekannt ist, können auch mehrere unterschiedliche Aktivitäten durchgeführt werden. Am Ende der Turnstunde legen alle Kinder ihre Luftballons dicht aneinander, sodass die Erzieherin eine Matte darauf legen kann. Nun können sich immer zwei Kinder vorsichtig auf die Matte legen. Die Erzieherin und die anderen Kinder halten die Matte am Rand fest und bewegen diese leicht. Diese Übung ist sehr entspannend und zugleich faszinierend, wie viel Belastung die Ballons aushalten.

Hinweis:

Eine Turnstunde dieser Art kann natürlich auch mit anderen Materialien wie Rhythmiktüchern, Zeitungen usw. gestaltet werden.

Was fördern wir besonders

- **Vielseitige Bewegungsförderung**
  Kinder sind in jeder Entwicklungsstufe fasziniert von Luftballons. Durch das eigenständige Spielen mit dem Ballon sowie durch die verschiedenen gemeinsamen Übungen werden die Beweglichkeit und die Geschicklichkeit der Kinder gefördert.
- **Erweiterung des Wortschatzes**
  Durch das Benennen und ständige Wiederholen der einzelnen Übungen wird der Wortschatz der Kinder erweitert. Zudem wird die Begriffsbildung durch das Benennen und gleichzeitige Ausführen der Aktionen gestärkt.

AB 3 JAHREN

Pyramiden werfen

Material: Konservendosen, Stoffbälle, Tennisbälle oder andere kleine Bälle, evtl. Sand- oder Reissäckchen

Mit den Konservendosen wird eine Pyramide aufgebaut. Die Kinder werfen mit einem nicht zu harten Ball die Pyramide um.

Variante ab 7 Jahren

Ein oder zwei Kinder stehen als Wächter vor der Pyramide und versuchen die Bälle abzufangen.

Gelingt ihnen das nicht und die Pyramide stürzt ein, tauschen sie ihre Rollen mit den Werfern.

AB 4 JAHREN

Blitz und Donner

Material: 2 Medizinbälle

Für dieses Spiel werden zwei Stühle aus dem Kreis entfernt. Zwei Kinder setzen sich jeweils mit einem Ball auf zwei gegenüberliegende Plätze im Kreis. Alle anderen Kinder gehen außen um den Stuhlkreis herum und beobachten die beiden Kinder. Ruft die Spielleitung: „Es blitzt!", rollen die beiden Kinder im Stuhlkreis die Bälle aufeinander zu. Verfehlen sich die Bälle, bleibt der Donnerschlag nach dem Blitz aus und die anderen Kinder gehen weiter und warten auf den nächsten Blitz.

Schlagen die Bälle jedoch in der Mitte gegeneinander, donnert es heftig und alle laufen auf einen freien Stuhl zu, um unter ihm Schutz zu suchen. Die beiden Kinder, die keinen freien Stuhl finden konnten, tauschen mit den Ballkindern die Rollen.

AB 4 JAHREN

Kullerfußball

Material: 1 Luftballon pro Kind
Ort: Wiese

Vorbereitung:

Die Spielleitung bereitet für jedes Kinderpaar einen „Kullerfußball" vor. Dazu steckt sie einen Luftballon durch die Öffnung eines zweiten Ballons, sodass die Öffnung des inneren Luftballons aus der Öffnung des äußeren herausschaut.

Die Spielleitung füllt am Wasserhahn etwas Wasser in den inneren Ballon und verknotet diesen.

Den äußeren Ballon pustet sie auf, bevor sie ihn verknotet – fertig ist der Kullerfußball!

Spielablauf:

Die Kinder finden sich paarweise zusammen und nehmen sich einen der Kullerfußbälle.
Ein Kind stellt sich mit gegrätschten Beinen auf.

Sein Partner schießt den Ball durch dessen Beine und stellt sich dazu zunächst in einem geringen Abstand vor ihm auf. Das sieht einfach aus, ist aber gar nicht so leicht, denn das Wasser innerhalb des Ballons baut seine eigenen Schwingungen auf und der Ball ist deshalb schwierig zu spielen. Nach kurzer Zeit haben sich die Kinder darauf eingestellt. Hat ein Kind getroffen, tauschen die Kinder ihre Rollen.

Nach jedem Wechsel wird der Abstand zwischen den Kindern vergrößert. Aus welcher Entfernung treffen die Kinder mit dem wackligen Kullerfußball noch durch die Beine?

AB 4 JAHREN

Ungeheuerlich!

Dieses Spiel regt durch die Vorbereitung besonders viel Kreativität und Fantasie bei den Kindern an.

Material: 3 leere Pappkartons und 3 Bälle pro Kind, Filzstifte oder Wasserfarben

Die Kinder finden sich paarweise zusammen und stapeln mit der Spielleitung auf dem Boden oder auf einem kleinen Tisch sechs Kartons so übereinander, dass sie möglichst stabil stehen.

Auf die Vorderseite der Kartons malen die Kinder gemeinsam ein großes Ungeheuer.

In sicherer Entfernung stellen sich die Kinder mit ihren Bällen auf und bewerfen damit ihr Ungeheuer, bis es vor lauter Schreck umfällt.

Varianten

- Ältere Kinder werfen um die Wette: Wer braucht die wenigsten Würfe, um das Ungeheuer zu verscheuchen? Bei welchem Kind stehen nach drei Würfen noch die wenigsten Kartonteile?
- Auf einen Tisch oder eine Mauer stellen die Kinder besonders kleine Ungeheuer (aus einem kleinen Karton) und zielen mit ihren Bällen darauf. Wer schafft es, das Ungeheuer mit einem einzigen Wurf zu vertreiben?

Hinweis
Im Innenraum sollten die Bälle immer gleich an einer Wand abprallen oder die Spielleitung stellt einen Auffangbehälter hinter den Kartonstapel.

AB 4 JAHREN

Ringe werfen

Material: 2 Stühle und 4 Pappteller für 4 Kinder, Klebeband oder Kreide, Schere; evtl. Notizzettel, Tesafilm, große Einmachgummis, Pappbögen, 1 Stab oder Zollstock pro Kinderpaar

Vorbereitung:

Die Spielleitung stellt jeweils zwei Stühle so aufeinander, dass die Sitzflächen aufeinander liegen und die vier Beine des oberen Stuhls nach oben zeigen.

Sie markiert in einem zunächst geringen Abstand von ca. 1 m mit dem Klebeband oder der Kreide eine Linie auf dem Boden.

Aus den Papptellern schneiden die Kinder große Kreise aus der Mitte heraus, sodass der Rand als Wurfring stehenbleibt.

Spielablauf:

Alle Kinder verteilen sich gleichmäßig auf die Stühle und stellen sich an der Markierung auf. Das jeweils erste Kind erhält vier Wurfringe und wirft sie ohne die Linie zu übertreten so, dass sie an den Stuhlbeinen hängen bleiben. Wenn es alle Ringe geworfen hat, zählt es mithilfe der Spielleitung nach, wie viele Ringe getroffen haben. Alle Ringe werden eingesammelt und das nächste Kind ist an der Reihe.

Wer hat am Ende die meisten Treffer gelandet? Sind die Kinder schon recht treffsicher, vergrößert die Spielleitung den Abstand zwischen der Markierung und den Stühlen.

Varianten für ältere Kinder

- Die Spielleitung schreibt auf Notizzettel verschiedene Punktwerte und klebt sie mit Tesafilm an jedes Stuhlbein. Durch gezieltes Werfen auf bestimmte Stuhlbeine können die Kinder viele Punkte sammeln.
- Die Kinder werfen statt mit den Pappringen mit großen Gummiringen auf die Stuhlbeine. Dadurch erhöht sich der Schwierigkeitsgrad, weil die Ringe im Vergleich zu den Pappringen instabil sind.

Ringe fangen

Aus Karton schneiden die Kinder Wurfringe mit einem ca. 5 cm kleineren Durchmesser. Jedes Kind wirft die Ringe einem Partner zu, der sie mit einem Stab aufspießt. Herunterfallende Ringe werden aufgehoben und erneut geworfen.

Sind alle Ringe auf dem Stab gelandet, tauschen die Kinder die Rollen.

Der Abstand zwischen den beiden Kindern kann von Runde zu Runde gesteigert werden.

AB 4 JAHREN

Heiße Steine

Teamspiel – Ein extrem bewegungsreiches Spiel, das allen Kindern großen Spaß macht und schon für jüngere Kinder geeignet ist, weil die Bälle nicht gefangen werden müssen!

Anzahl: mind. 4 Kinder, besser mehr
Material: möglichst viele Bälle (ersatzweise Zeitungsbälle) oder im Sommer wassergefüllte Luftballons, Langbänke, Schnüre oder Kreide, um das Spielfeld zu markieren, evtl. Pfeife

Die Kinder bilden zwei Gruppen. Das Spielfeld wird in zwei nicht zu große Hälften geteilt. Auf jeder Hälfte liegen gleich viele Bälle als „heiße Steine" (mind. 1 Ball für jedes Kind).

Nach einem Startzeichen setzen die Kinder alles daran, ihr Feld möglichst schnell von den heißen Steinen zu befreien, indem sie die Steine einfach in Nachbars Garten werfen oder rollen. Jeder ankommende Ball wird sofort wieder zurück befördert.

Ziel des Spieles ist es, nach einer vorgegebenen Zeit (bzw. bis zum Abpfiff) möglichst wenige Steine im eigenen Feld zu haben oder das eigene Feld für kurze Zeit von allen Steinen frei zu halten. – Das schafft zwar kaum eine Gruppe, aber das tut der Spielfreude keinen Abbruch!

Tipp
Ganz besonders viel Spaß macht es im Sommer im Freien, wenn wassergefüllte Luftballons, so genannte Wasserbomben, zum Einsatz kommen!

Hinweis
Es ist sinnvoll, im Anschluss eine etwas ruhigere Beschäftigung anzubieten, damit alle wieder etwas Atem schöpfen können!

AB 4 JAHREN

Ball-Balance

Anzahl: 1 Kind und mehr
Material: verschieden große Bälle, Wasserbälle, evtl. Kassettenrekorder oder CD-Spieler, Stoppuhr, Schnur

Die Kinder balancieren den Ball auf vielfältige Weise. Das anfängliche Üben macht mit etwas Musik im Hintergrund doppelt Spaß.

Balance-Übungen

- Den Ball auf einem Körperteil, zum Beispiel der flachen Hand, der Nase, dem Knie balancieren.
- Der Ball wird mit gestreckten Händen über dem Kopf gehalten, während das Kind über eine Schnur balanciert.
- Das Kind hält eine Zeitung vor dem Körper und balanciert darauf einen Ball über eine vorgegebene Strecke. Noch schwieriger wird es, wenn das Kind mit dem Ball auf der Zeitung über ein Seil balancieren soll.
- Noch mehr Geschicklichkeit ist für folgende Übung notwendig: Das Kind legt den Ball auf die flache Hand und streckt den Arm zunächst gerade aus. Jetzt hebt es den Arm sehr gleichmäßig an, so dass der Ball auf dem Arm Richtung Schulter rollt. Bevor der Ball auf den Boden purzelt, muss er schnell gefangen werden!
- Der ganze Körper kommt zum Einsatz, wenn die Kinder einander gegenüber stehen und einen Ball zwischen die Stirn oder die Wangen klemmen. Gelingt es, in die Hocke zu gehen, ohne den Ball zu verlieren? Können die Kinder gemeinsam eine vorgegebene Strecke zurücklegen?
- Zwei Kinder stehen nebeneinander, Schulter an Schulter. Der Ball (ein eher weicher Ball) wird zwischen die Schulter geklemmt und beide setzen sich in Bewegung. Wie weit können sie gehen, bis der Ball herunterpurzelt? Der Ball kann natürlich auch zwischen andere Körperteile geklemmt werden, etwa zwischen Bauch, Po, Rücken, Kopf ... Hier ist viel Kooperationsbereitschaft nötig.
- Die Kinder halten den Ball mit beiden Händen über dem Kopf. Nun setzen sie sich auf den Boden und stehen wieder auf. Das ist gar nicht so einfach, wenn die Hände nicht mithelfen können. – Eine gute Übung fürs Gleichgewicht.
- Die Kinder sitzen im Schneidersitz und halten den Ball mit beiden Händen über dem Kopf. Wer kann sich mit dem Ball in den Händen zurücklegen und dann wieder in Sitzposition aufrichten? Wer kann aus dem Schneidersitz aufstehen?
- Die Kinder begeben sich in Rückenlage. Wer kann den Ball um den ganzen Körper herum rollen, indem er ihn zunächst über den Bauch und dann unter dem Rücken durchführt? Nach einigen Wiederholungen gelingt das immer schneller und die Kinder können ein kleines Wettspiel veranstalten: Wer kann den Ball am häufigsten um den Körper führen, bis er davonrollt oder ein Signal ertönt?

Hinweise
Das Üben lässt sich abwechslungsreich gestalten, wenn die Übungen zwischendurch leicht verändert werden, z. B. wenn zusätzlich Hindernisse umgangen oder überstiegen werden müssen. Auch ein Richtungswechsel bringt neuen Reiz ins Spiel.
Wird Musik eingesetzt, können einige Übungen als Tanz ausgeführt werden. Sind die Kinder bereits sicher, können sie ihre Balancekünste miteinander messen.

AB 4 JAHREN

Schleuderball

Bei diesem Spiel werden Zielgenauigkeit und Konzentration angesprochen, denn es erfordert von Kindern große Aufmerksamkeit, mit ungewöhnlichem Material ein Ziel zu treffen.

Material: 5 Reifen, alte Zeitungen, Klebeband, Kordel, 1 alter Strumpf und 1 Tennisball pro Kind, Seile oder Kreide

Vorbereitung:

Die Spielleitung bespannt die Reifen mit jeweils einem großen Zeitungsblatt. Dazu breitet sie die Zeitung auf dem Boden aus und legt einen Reifen darauf. Die überstehenden Ecken werden umgeschlagen und mit Klebeband am Reifen befestigt. Durch eine solche Zeitungsecke hindurch befestigt die Spielleitung um den Reifen eine Kordel. Die Reifen werden mit ihrer Kordel draußen an einem Ast oder im Innenraum an der Decke frei schwebend befestigt.

Spielablauf:

Jedes Kind steckt einen Tennisball in seinen Strumpf und verknotet diesen, sodass der Ball nicht herausfallen kann.

Die Spielleitung legt mit den Kindern einen Abstand zu den Reifen fest und markiert diesen mit der Kreide oder dem Seil.

Die Kinder stellen sich hinter der Markierung auf und schleudern ihren gefüllten Strumpf auf verschiedene Arten durch den Reifen:

- Jedes Kind wirft für sich solange durch einen beliebigen Reifen, bis eine der Zeitungen zerrissen ist.
- Die Kinder bilden fünf gleich große Gruppen und jede Gruppe stellt sich vor einem Reifen auf. Die Kinder einer Gruppe werfen nacheinander auf ihren Reifen. Das Team, das es zuerst schafft, den eigenen Reifen zu durchwerfen, hat gewonnen.
- Die Spielleitung gibt besondere Wurftechniken vor: mit dem Gesicht zum Reifen, rückwärts über den Kopf, rückwärts durch die Beine, vorwärts unter einem Bein her …

Hinweis: Die Spielleitung bespannt jeden Zeitungsreifen erneut, wenn dieser von einem Kind mit dem Schleuderball zerrissen wurde.

Achtung!
Hinter den spielenden Kindern sollte sich nichts Zerbrechliches oder andere Personen befinden, denn es kommt öfter vor, dass ein Schleuderball nach hinten losgeht!

AB 4 JAHREN

Jägerball

Material: 1 weicher Ball (z. B. Softball)

Ein Kind ist der Jäger, die anderen Kinder sind die Hasen. Der Jäger und die Hasen laufen kreuz und quer durch den Raum. Der Jäger versucht, die Hasen zu „erlegen", indem er sie mit dem Softball trifft. Die getroffenen Hasen scheiden aus. Wer übrig bleibt, darf der nächste Jäger sein. Wenn sehr viele Kinder mitspielen, kann der getroffene Hase auch gleich zum Jäger werden.

Variante

Wird im Freien gespielt, muss zunächst ein Spielfeld markiert werden.

Achtung!
Auch wenn „nur" mit einem Softball gespielt wird, sollten die Kinder immer darauf aufmerksam gemacht werden, nie auf den Kopf eines Kindes zu zielen.

AB 5 JAHREN

Ball rollen rückwärts

Material: pro Kind 1 Ball

Die Kinder stellen sich mit gegrätschten Beinen auf und rollen den Ball zwischen den Beinen nach hinten. Dann drehen sie sich schnell um und laufen hinter dem Ball her, um ihn wieder einzufangen.

AB 5 JAHREN

Luftballonfangen

Material: 1 Luftballon, 1 Triangel

Ein Kind geht in die Kreismitte und klemmt sich einen aufgeblasenen Luftballon zwischen die Beine.

Lässt die Spielleitung den Triangel ertönen, stehen alle Kinder blitzschnell auf und tauschen miteinander die Plätze. Das Kind in der Mitte läuft ebenfalls so gut es kann los, um eines der umherlaufenden Kinder zu fangen, ohne den Ballon dabei zu verlieren. Kann es eines von ihnen abschlagen, tauschen beide die Rollen für die nächste Spielrunde.

Variante für jüngere Kinder

Das Kind in der Mitte versteckt den Luftballon unter seinem Pullover und hält ihn mit beiden Händen fest. Beim Klang des Triangels läuft es los, um ein anderes Kind mit seinem „Ballonbauch“ zu berühren und damit abzuschlagen.

AB 5 JAHREN

Luftballons los!

Material: 1 Tüte Luftballons

Die Hälfte der Kinder verteilt sich auf der Kreisbahn und erhält jeweils einen Luftballon, den sie aufblasen und nur mit den Fingern ohne Knoten verschlossen halten. Alle übrigen Kinder verteilen sich nicht zu nah beieinander im Innenkreis.

Ruft die Spielleitung: „Luftballons los!“, lassen die Kinder das Mundstück los, sodass die Ballons wild durch die Luft sausen. Wer von den Kindern im Innenkreis kann einen Luftballon im Flug schnappen? Das ist wirklich nicht einfach, aber unglaublich lustig

AB 5 JAHREN

Alle gegen Alle

Anzahl: 6–25 SpielerInnen
Ort: eine ebene Fläche im Freien oder im Raum
Material: pro SpielerIn 2 Softbälle (bzw. Softfrisbees, Papier- oder Stoffbälle)
Spielart: Bewegung

Die SpielerInnen stehen im Kreis und haben jeweils zwei Softbälle in der Hand.

Auf „1–2–3" werfen alle gleichzeitig ihre Softbälle hoch in die Luft zur Kreismitte.

Sind die Bälle gelandet, laufen sie zur Mitte, nehmen einen oder mehrere Bälle wieder auf und versuchen sich gegenseitig mit den Bällen abzuwerfen.

Wer getroffen ist, kniet sich an Ort und Stelle hin. Sobald er einen Ball erreichen kann, ohne den Platz zu verlassen, ist er wieder im Spiel ...

Anmerkung: Es ist sinnvoll, das Spiel auf 3 Minuten zu begrenzen.

AB 5 JAHREN

Fußballcamp

Anzahl: 6–25 SpielerInnen
Ort: eine ebene Fläche im Freien oder im Raum
Material: 2 Tennisbälle pro SpielerIn, evtl. Musik
Spielart: Bewegung

Willkommen im Fußball-Trainingslager!

Alle SpielerInnen stehen im Kreis. In der Kreismitte liegen pro „Fußballer" zwei Tennisbälle bereit. Auf ein Zeichen holt sich jeder „Kicker" seine Bälle und versucht diese gleichzeitig mit den Zehenspitzen für zwei Minuten vor sich her zu dribbeln. Die ganze Gruppe bewegt sich dabei kreuz und quer über das Spielfeld oder im Uhrzeigersinn im Kreis. Sobald der „Trainer" einen Ball sieht, der nicht mehr in Bewegung ist, wird die Zeit gestoppt. Haben alle Kicker zwei Minuten geschafft? Beim zweiten Versuch auf drei Minuten ausdehnen.

Anmerkung: Musik im Hintergrund.

AB 5 JAHREN

Pingpong

Nicht nur Koordination ist hier gefragt, sondern auch das Sozialverhalten und die Kommunikation werden gefördert, denn die Kinder müssen sich immer wieder auf ihr Gegenüber einstellen.

Material: 1 Pappteller pro Kind, 1 Tischtennisball pro Kinderpaar, 1 Schnur oder Wäscheleine

Die Kinder suchen sich einen Partner und erhalten zwei Pappteller und einen Tischtennisball.

Die Spielleitung spannt die Schnur in Kopfhöhe der Kinder durch den Raum oder zwischen zwei Bäumen. Die Kinder stellen sich an der Schnur einander gegenüber auf und spielen sich den Ball mit ihren Papptellern über die Schnur so oft wie möglich zu.

Wer mag, zählt dabei, wie oft es hintereinander klappt, ohne dass der Ball auf den Boden fällt oder unterhalb der Schnur gespielt wird.

AB 5 JAHREN

Fang den Ball!

Material: (mind.) 1 Schaumstoffball

Ein Kind stellt sich in die Kreismitte, während die Kinder im Stuhlkreis sich den Ball in schnellen Wechseln zuwerfen.

Gelingt es dem Kind in der Mitte, den Ball im Wurf abzufangen, bevor ihn ein anderes Kind auffängt, tauscht es mit dem Spieler, der den Ball geworfen hat, den Platz.

Variante für ältere Kinder

Die Kinder werfen sich statt einem gleich mehrere Bälle zu, von denen das Kind in der Mitte einen fangen muss.

AB 8 JAHREN

Ball kreisen

Anzahl: 8–16 SpielerInnen
Ort: im Raum als auch im Freien
Material: 1 Tennisball (bzw. Stoffball), 1 Tischtennisball
Spielart: Konzentration, Geschicklichkeit, Teamwork

Alle SpielerInnen stehen Schulter an Schulter im Kreis, halten beide Handflächen nach vorn und sind dabei am Daumen mit den Handflächen des linken und des rechten Nachbarn in Kontakt.

Ein Tennisball wird nun über die Handflächen reihum die Runde weitergegeben, ohne dass dieser auf den Boden fallen darf. Nach einigen Proberunden kann ein kleiner Tischtennisball seinen „großen Bruder“ verfolgen.

Anmerkung: Das Spiel ist im Stehen, im Knien und im Liegen möglich.

Varianten

- **„Zeit stoppen“:** Einen Ball kreisen lassen und dabei die Zeit pro Runde stoppen.
- **„Aufgabe erfüllen“:** Einen Tennisball normal mit beiden Händen im Kreis reihum weitergeben. Bis der Ball die Runde gemacht hat, muss der erste Spieler eine Aufgabe erfüllen. Zum Beispiel fünf (oder so viel wie möglich) Obstsorten, Schauspieler, Hauptstädte, Automarken, Baumarten usw. nennen.

Wasserspiele

Pfützen füllen, gießen, spritzen

„Wasser finden fast alle Kinder toll. Ganz egal, ob es sich um einen gefüllten Eimer, eine Schüssel, ein Planschbecken oder um eine gefüllte Badewanne handelt. Wasser hält immer eine Vielfalt von Spielmöglichkeiten bereit. Im Sommer bieten sich Wasserspiele natürlich besonders an …"

Johanna Friedl

U3-ANGEBOT

Ball unter Wasser

Experimentieren, Wahrnehmung, Auge-Hand-Koordination, Feinmotorik

Alter: ab 1 Jahr
Material: 1 Wassereimer, 1 Plastikball; evtl. verschiedene Bälle

Die Spielleitung füllt einen Eimer mit Wasser. Alle Kinder versammeln sich um den Eimer. Die Spielleitung drückt den Ball einmal unter Wasser und lässt ihn dann los. Die Kinder sehen, wie der Ball mit einer Wasserblase „hochschnalzt“.

Jetzt sind die Kinder an der Reihe: Jedes darf den Ball einmal „hochschnalzen“ lassen.

Variante für Kinder ab 2 Jahren

Die Kinder geben abwechselnd verschiedene Bälle ins Wasser, wie z. B. Oball, Tischtennisball, Tennisball, Plastikbälle, Gummibälle. Welcher Ball geht unter und welcher kann schwimmen?

U3-ANGEBOT

Schaumschläger

Alter: ab 2 Jahren
Material: Wasser, Spülmittel, Schüssel oder Wanne, evtl. 1 Schneebesen

Geben Sie etwas Wasser in eine Schüssel oder Wanne und ein paar Tropfen Spülmittel dazu. Das Kind erzeugt möglichst viel Schaum, indem es die Hände im Wasser ganz schnell umeinander dreht.

Variante

Statt mit den Händen kann man auch mit einem Schneebesen Schaum schlagen.

U3-ANGEBOT

Wasserbasketball

Werfen, Zielen, Koordination, Feinmotorik

Alter: ab 1,5 Jahren
Material: 1 Planschbecken, Plastikschüsseln, Plastikbälle

Die Spielleitung füllt das Planschbecken mit Wasser und lässt die Schüsseln wie Boote im Wasser schwimmen. Jedes Kind erhält mehrere Plastikbälle und zielt von außen mit den Bällen in die Schüsseln.

U3-ANGEBOT

Fußabdrücke auf Tapeten gestalten

Wer macht mit: 3 Kinder ab 18 Monaten, die schon sicher laufen können.
Was brauchen wir: 3 Fingerfarben (z.B. die Grundfarben), 4 Wännchen (für Farben und Wasser), Handtücher & Waschlappen, Raufasertapete (ist saugfähiger als Papier), doppelseitiges Klebeband, evtl. Malkittel, evtl. Matschhosen

Was bieten wir an

Bevor es losgeht, legt die Erzieherin ein quadratisches Stück Raufaser auf dem Boden aus und fixiert es mit doppelseitigem Klebeband, damit es nicht rutscht. Die Kinder helfen bei den Vorbereitungen. Sie befüllen 3 Wännchen mit den Fingerfarben und verteilen sie auf der Tapete. Ein Wännchen mit Wasser und die Handtücher stellen sie am Rand bereit.

Nun beginnt der Farbenspaß! Nacheinander steigen die Kinder in das erste Wännchen hinein und laufen danach kreuz und quer über die Tapete. Vorsicht! Beim Heraussteigen muss wegen der Rutschgefahr geholfen werden! Wenn sie am nächsten Wännchen angekommen sind, steigen sie dort hinein und laufen weiter. Kommen die Kinder auf neue Ideen (z.B. springen, Handabdrücke gestalten ...), geht die Erzieherin darauf ein.

Haben die Kinder genügend Spuren auf dem Bild hinterlassen, steigen sie zum Schluss in das Wännchen mit Wasser und waschen die Farbe von ihren Füßen.

Was fördern wir besonders

- **Farben erfahren und erkennen:** An diesem Angebot ist besonders reizvoll, dass die Kinder die Farbe mit den Füßen wahrnehmen können. Nicht das Ergebnis ist wichtig, sondern das Tun ist für die Entwicklung der Kinder ausschlaggebend. Die Kinder lernen die Farben kennen und durch das Benennen der Farbtöne wird der Wortschatz vertieft.
- **Förderung der Feinmotorik:** Die Feinmotorik der Kinder wird durch das Angebot beim Ein- und Aussteigen in und aus dem Wännchen, durch das Drucken der Füße auf die Tapete sowie durch die verschiedenen Techniken des Fußabdrucks gefördert. Es kommt auch darauf an, ob die Kinder ihre Füße fest auf die Tapete drücken (stampfen), oder ob sie einfach nur über die Tapete laufen.

Hinweis
Bei dieser Aktion kommt – je nach Temperament und Erfahrung der Kinder – die Farbe nicht nur unter den Füßen ins Spiel! Deshalb ist es ratsam, die Kinder nur mit Windeln bzw. Windeln und Malerhemden bekleidet über die Tapeten laufen zu lassen oder Matschhosen anzuziehen.

U3-Angebot

Schüttspiele

Alter: ab 2 Jahren
Material: verschiedene Gefäße und Schüsseln, Wasser oder Sand

Auch für Schüttspiele benötigen Kinder in der Regel keine Anregungen. Wenn ihnen die entsprechenden Behälter zur Verfügung gestellt werden, fangen sie meist von selbst zu schütten an. Irgendwann kommen sie auch auf die Idee, Wasser und Sand miteinander zu vermischen, und machen die Erfahrung, dass sich nasser Sand ganz anders anfühlt als trockener und sich außerdem nicht mehr gut schütten, dafür aber umso besser formen lässt.

Planschbecken

Wer macht mit: Alle Kinder, die gerne im Wasser planschen. Säuglinge können von der Erzieherin in das Planschbecken gehalten werden (aber nicht zu lange!). Sie haben Spaß beim Beobachten der anderen oder beim Spielen mit Wasser und Spielmaterialien.

Was brauchen wir: Planschbecken, Wasser (darf nicht zu kalt sein!), Handtücher, Badehose oder Schwimmwindel, Spielsachen (Quietscheente, Schüttgefäße ...), Sonnencreme, Kopfbedeckung, evtl. Sonnenschirm oder Halbschattenplatz

Hinweis
Wasser ist ein sehr beliebtes Element bei Kleinkindern. Es ist zu empfehlen, dass die Kinder während der Sommermonate eine Badehose oder Schwimmwindeln in der Einrichtung haben. Die Erzieherin weist durch einen Aushang oder Elternbrief darauf hin.

Was bieten wir an

An warmen Sommertagen bietet es sich an, ein Planschbecken im Garten aufzustellen und die Kinder zum Planschen einzuladen. Die Erzieherin stellt das Planschbecken am besten schon früh am Morgen oder während der Mittagsruhe im Garten auf, damit sich das Wasser durch die Sonne bereits erwärmt.

Bevor es nach draußen geht, werden alle Kinder (mindestens eine halbe Stunde bevor es in die Sonne geht!) mit Sonnencreme eingerieben. Die Kinder ziehen mit Unterstützung der Erzieherin ihre Badehose oder Schwimmwindel an und setzen ihren Sonnenhut auf. (Kopfbedeckung ist im Sommer sehr wichtig!) Im Garten angekommen, werden die Kinder meist „magisch" vom Wasser angezogen und schon kann das Planschen losgehen! Die Erzieherin nimmt die Beobachterrolle ein, achtet auf Gefahren, unterstützt Kinder, die sich nicht alleine hinein trauen und hält auch Säuglinge mit den Füßen in das Planschbecken. Sie achtet darauf, dass die Kinder Pausen einlegen und motiviert sie nach 20–30 Minuten das Planschbecken wieder zu verlassen.

Was fördern wir besonders

- **Förderung der Sinneswahrnehmung:** Im Planschbecken erleben die Kinder das Element Wasser mit allen Sinnen. Außerdem spüren sie, dass sich die Haut nach längerer Zeit im Wasser verändert, und sie zu frieren beginnen, wenn es kalt ist und sie das Planschbecken verlassen.
- **Förderung des Sozialverhaltens:** Beim gemeinsamen Baden im Planschbecken müssen die Kinder Rücksicht aufeinander nehmen. Sie sollen sich nicht gegenseitig mit Wasser bespritzen oder schubsen. Zudem teilen sich die Kinder die Wasserspielsachen.

Regen

Hinweis
Dieses Angebot kann sowohl bei Sonnenschein als auch bei Regen durchgeführt werden.

Was brauchen wir: pro Kind 1 Regenschirm, bei Regen: evtl. Matschsachen und Gummistiefel, bei Sonnenschein: Wasserschlauch mit Spritzpistole, evtl. Wechselkleidung

Was bieten wir an

Als Einstieg in das Projektthema setzen sich die Kinder mit der Erzieherin im Kreis zusammen und unterhalten sich darüber, dass Wasser nicht nur aus dem Wasserhahn kommt oder in Gewässern (Schwimmbecken) zu finden ist, sondern dass es Wasser auch in Form von Regen gibt. Die Betrachtung eines Bilderbuches, das Wetter oder den „Regen“ thematisiert, eignet sich als Gesprächseinstieg besonders.

Bei Regen

Sollte es regnen, ziehen die Kinder mithilfe der Erzieherin ihr Matschsachen und Gummistiefel an. Im Sommer gehen sie barfuß in den Garten und spüren so den nassen Untergrund und die Regentropfen.

Die Kinder spannen nun ihren Regenschirm auf und gehen in den Regen hinaus. Sie spüren und hören, wie der Regen auf ihren Schirm prasselt, ihre Umgebung nass wird und sie trotzdem unter ihrem Schirm trocken bleiben. Besonders viel Freude bereitet es den Kindern, wenn sie durch Wasserpfützen springen dürfen. Sie sehen, wie das Wasser zur Seite spritzt und vielleicht andere Kinder dabei nass werden.

Bei Sonnenschein

Sollte es nicht regnen, erzeugt die Erzieherin „künstlichen Regen“ aus dem Wasserschlauch. Die Kinder stellen sich unter den Wasserstrahl oder laufen darunter her ... Um das Gemeinschaftsgefühl der Gruppe zu stärken, gehen die Kinder gemeinsam ins Bad der Krippe, um sich abzutrocknen, zu bürsten und bei Bedarf trockene Sachen anzuziehen.

Was fördern wir besonders

- **Naturwissenschaftliche Förderung:** Das Element Wasser begeistert Krippenkinder immer wieder aufs Neue. In diesem Projekt haben die Kinder Zeit und Raum sich mit diesem Element auseinanderzusetzen, es kennenzulernen und ihre Naturkenntnisse zu erweitern. Sie lernen unterschiedliche Arten von Wasser kennen. Geschlossenes Wasser im Schwimmbecken oder Teich oder fließende Gewässer (Bach, Fluss), Wasser, das vom Himmel fällt usw. Des Weiteren lernen die Kinder, dass es Dinge gibt, die auf dem Wasser schwimmen können, und andere, die untergehen. Farben werden wiederholt benannt und die Kinder mit der Farbenlehre vertraut gemacht. Sie lernen, dass sich Wasser färben lässt, dass sie trotz des Regens trocken bleiben können, dass Wasser nach unten fällt (Schwerkraft) und dass Wasser in Behältern gesammelt werden kann.

- **Förderung der Experimentierfreude:** Die Erzieherin lässt den Kindern Zeit, sich mit dem Element Wasser auseinander zusetzen und damit zu experimentieren. Das fördert die Experimentierfreude der Kinder. Sie haben Mut, „der Sache selbst auf den Grund zu gehen", Beschaffenheit selbst zu erforschen und gewonnene Erkenntnisse durch Wiederholungen zu festigen und zu beweisen. Ältere Kinder erweitern ihr Wissen, sie lernen Wasser im Raum (Badezimmer, Hallenbad) und in der Natur (See, Regen) kennen und spüren, dass Wasser kalt oder warm sein kann.

AB 3 JAHREN

Spritz-Spaß

Dieses Spiel garantiert bei Sonnenschein viel Wasserspaß und Gelächter!

Material: mehrere Regenschirme und Blumenspritzen oder Spritztiere

Vier Kinder erhalten ein mit Wasser gefülltes Spritztier oder eine Blumenspritze und stellen sich damit in der Kreismitte auf. Die übrigen Kinder schließen sich mit einem ihrer Sitznachbarn zu zweit zusammen.

Jedes Paar nimmt sich einen Regenschirm und stellt ihn aufgespannt vor seinen Stühlen auf.

Alle Kinder verfolgen die kurze Erzählung der Spielleitung und bewegen sich entsprechend: *„Scheint die Sonne, stehen wir vergnügt auf! – Doch halt, was ist das? – Es regnet! Schnell weg, sonst werden wir nass!"* Die Worte „es regnet" sind das Signal für die Kinder in der Kreismitte: Sie spritzen möglichst viele der stehenden Kinder nass, die sich bei dem letzten Satz der Spielleitung zu zweit unter ihren Schirm retten.

Die vier Kinder, die am nassesten geworden sind, revanchieren sich in der nächsten Runde und spritzen die anderen nass!

AB 3 JAHREN

Softball-Wasserschlacht

Eine willkommene Abkühlung im Sommer!

Anzahl: 2 Kinder und mehr
Material: Softbälle (ersatzweise Schwämme oder Waschlappen), Wasser, Eimer oder Wannen

Werden die Softbälle mit Wasser getränkt, können die Kinder sich bei einer wilden Wasserballschlacht so richtig austoben.

Natürlich sollten ausreichend mit Wasser gefüllte Eimer oder Wannen bereitstehen, damit die Bälle immer wieder „aufgetankt" werden können und der Spaß nicht zu schnell zu Ende ist!

Hinweis
Mit den tropfenden Softbällen lassen sich viele bekannte Ballspiele einmal auf nasse Weise spielen!

AB 3 JAHREN

Spritzball

Ein Spiel für den Sommer!

Anzahl: 1 Kind und mehr
Material: Wasserbecken (Eimer, Planschbecken, Wanne o. Ä.), Bälle

Im Sommer macht es besonderen Spaß, mit Bällen in einen mit Wasser gefüllten Eimer oder in ein Planschbecken zu zielen. Wenn dabei die Zuschauer nahe beim Ziel herumstehen müssen, wird eine lustige Spritzerei daraus.

Jedes Kind darf deshalb abwechselnd werfen und zusehen!

Hinweis
Je jünger und ballunerfahrener ein Kind ist, desto größer sollte das Ziel sein. Natürlich kann auch ohne Wasser gespielt werden.

AB 3 JAHREN

Tauchstation

Anzahl: ein Kind und mehr
Material: 1 Wanne, Blechdeckel (vom Marmeladenglas) oder Blechteller, Tennisbälle

Die Wanne mit Wasser füllen und den Blechdeckel so auf das Wasser legen, dass er auf der Oberfläche schwimmt.

Ein Kind zielt mit den Tennisbällen auf den Blechdeckel – und zwar so lange, bis der Deckel sich mit Wasser füllt und untergeht.

Nach der „Deckel-Bergung" geht es weiter …

Variationen für ältere Kinder

Alle zählen mit, wie viele Würfe nötig sind, bis der Blechdeckel endgültig auf Tauchstation geht. – Wer den Deckel mit den wenigsten Würfen versenken kann, gewinnt.

Die Kinder werfen nacheinander reihum auf den Deckel. Wer kann den Deckel endgültig versenken?

AB 3 JAHREN

Fußspuren im Sand

Material: 1 Gießkanne, 1 Rechen

Vorbereitung

Die Spielleitung füllt eine Gießkanne mit Wasser und gießt es auf den trockenen Sand. Ist der Sand sehr trocken, wiederholt sie den Vorgang mehrmals. Sollte der Sand z. B. durch Regen bereits nass sein, entfällt die Vorbereitung!

Spielablauf

Die Kinder ziehen ihre Schuhe und Strümpfe aus, stellen sich barfüßig um den Sandkasten herum und warten ab, bis die Spielleitung ein Kind auszählt. Das betreffende Kind deutet auf ein weiteres Kind, mit dem es den Platz auf dem kürzesten Weg durch den Sandkasten wechselt. Nach Platztausch setzt das ausgewählte Kind das Spiel in der gleichen Weise fort. Beim Platzwechsel achten die beiden Kinder darauf, dass die bereits vorhandenen Fußspuren im Sandkasten nicht zerstört werden. Haben alle Kinder wenigstens einmal ihre Fußspuren im nassen Sand hinterlassen, ist das Spiel aus. Die Kinder gehen um den Sandkasten herum und betrachten in aller Ruhe ihre Fußspuren im Sand.

AB 4 JAHREN

Wasserbomben-Kreisverkehr

Ein spritziges Wasserspiel, das am besten im Sommer im Freien gespielt wird!

Material: Luftballons, Badesachen

Drei Luftballons werden mit Wasser gefüllt und zugeknotet. Die Kinder bilden einen großzügigen Stuhlkreis und drei von ihnen erhalten jeweils eine der Wasserbomben.

Klatscht die Spielleitung in die Hände, werfen die Kinder die Wasserbomben im Uhrzeigersinn ihrem jeweiligen Nachbarn zu, der sie auffängt und ebenfalls weiterwirft.

Die Kinder müssen gut Acht geben, damit sie keine der ankommenden Wasserbomben verpassen, denn dabei gibt es kein Pardon – wer sich seinem Nachbarn nicht rechtzeitig zuwendet, um sie aufzufangen, muss eine Dusche über sich ergehen lassen!

Haben die Wasserbomben jedoch zwei oder drei Runden im Kreis heil überstanden, klatscht die Spielleitung nochmals in die Hände. Jetzt rufen die Wasserbombenbesitzer irgendein Kind im Kreis mit Namen auf und werfen ihm sofort den Ballon zu. Auch hier gilt: Wer nicht aufpasst und seinen Namen verschläft, bekommt eine kleine Abkühlung! Wer sitzt als Letzter noch auf dem Trockenen?

Hinweis
Die Spielleitung sorgt stetig für Nachschub an Wasserbomben!

AB 4 JAHREN

Wasser marsch!

Anzahl: 2 Kinder und mehr
Material: für jedes Kind 1 leere Flasche und 1 Tischtennisball, Wasserpistolen oder Spritzflaschen, 1 Tisch oder Bank

Die Flaschen werden mit ausreichend Abstand nebeneinander aufgestellt. Das geht am besten auf einer Bank oder einem Tisch. Auf jede Flasche wird ein Tischtennisball gelegt. Die Kinder füllen ihre Wasserpistolen und stellen sich mit etwas Abstand zu den Flaschen auf.

Heißt es „Wasser marsch!“, spritzen alle auf die Tischtennisbälle und versuchen sie auf diese Weise von den Flaschen weg zu spritzen.

Hinweis
Die Kinder können auch um die Wette spritzen und das treffsicherste Kind zur „Feuerwehrspritzmeisterln“ küren. Wenn nicht genügend Wasserspritzen vorhanden sind, treten einfach immer zwei Kinder gegeneinander an.

AB 5 JAHREN

Regenspritzer

Dieses Spiel eignet sich für einen warmen Sommertag im Garten, da die Kinder etwas nass werden.

Material: mehrere Plastikeimer; evtl. Badekleidung

Die Kinder bilden eine große und eine kleine Gruppe. Die Kinder der kleinen Gruppe erhalten jeweils einen Eimer, den sie bis zur Hälfte mit Wasser füllen. Sie bilden einen großen Kreis und stellen den Eimer direkt vor ihren Füßen ab.

Die Kinder aus der großen Gruppe gehen im Inneren des Kreises herum und hören aufmerksam der Spielleitung zu, die im Folgenden drei Spielanweisungen gibt:

„Es tröpfelt und tröpfelt und hört nicht auf!"

Die Kinder, die auf der Kreisbahn stehen, knien sich auf den Boden, tauchen beide Hände ins Wasser und lassen das Wasser von ihren Fingern tropfen.

„Es regnet und regnet und hört nicht auf!"

Die Kinder bilden mit ihren Händen eine Schale und schöpfen etwas Wasser aus dem Eimer. Sie öffnen die Hände über dem Eimer, sodass das Wasser in den Eimer plätschert.

Diese beiden Sätze wiederholt die Spielleitung abwechselnd so lange, bis sie auf einmal sagt:

„Und dann regnet es in Strömen!"

Daraufhin tauchen die Kinder beide Hände ins Wasser und springen auf, um die Kinder in der Kreismitte ordentlich nasszuspritzen. Diese laufen aus dem Innenkreis heraus um sich hinter den Kindern zu verstecken, die sie nass spritzen wollen. Spätestens, wenn die Eimer leer sind, hört der Sturzregen auf!

Für die nächste Runde tauschen einige Kinder die Rollen.

AB 5 JAHREN

Elefanten-Spritzspaß

Material: 3 Wasserspritzen, Handtrommel

Die Kinder bilden einen Kreis. Drei von ihnen stellen sich mit einer gefüllten Wasserspritze in die Mitte. Sie spielen die Zoo-Elefanten und trampeln schwerfällig im Kreis herum.

Die Spielleitung erzählt: *„Wir wollen heute einen Rundgang durch das Elefantengehege machen und nach den drei Elefanten sehen!"*

Dazu gehen alle Kinder auf der Kreislinie hintereinander im Takt des Trommelspiels im Kreis herum. Die Spielleitung setzt das Trommelspiel aus, deutet auf die drei Kinder und sagt: *„Seht, dort sind ja die drei Elefanten!"*

Alle Kinder bleiben stehen, wenden sich mit ihrem Gesicht der Kreismitte zu und halten eine Hand an die Stirn, um nach den drei Elefanten Ausschau zu halten. *„Jetzt strecken die drei Elefanten ihren Rüssel aus. Was kommt da wohl raus?"* Die drei Elefanten-Kinder bleiben stehen und strecken ihren Arm aus, um die Zoobesucher nass zu spritzen. Diese ergreifen die Flucht und laufen so schnell wie möglich aus dem Kreis heraus. Wer kommt trocken davon?

In der nächsten Runde gibt es drei neue Elefanten-Kinder.

AB 5 JAHREN

Sandskulpturen raten

Material: 1 Gießkanne, für jedes Kind 1 Augenbinde, 1 Klangschale

Vorbereitung

Die Spielleitung füllt eine Gießkanne mit Wasser und gießt es auf den trockenen Sand.

Ist der Sand sehr trocken, wiederholt sie den Vorgang mehrmals. Sollte der Sand z. B. durch Regen bereits nass sein, entfällt die Vorbereitung!

Spielablauf

Jedes Kind sucht sich einen Platz im Sandkasten aus. Die Spielleitung verbindet allen die Augen. Die Kinder formen etwas aus dem Sand-Wasser-Gemisch, bis die Spielleitung die Klangschale anschlägt. Ist der Klang verklungen, nehmen alle Kinder ihre Augenbinden ab und schauen nach, ob sie etwas an ihrem Kunstwerk verändern wollen.

Falls nicht, verlassen alle Kinder den Sandkasten und zwar so, dass sie unterwegs kein Kunstwerk zerstören. Sie setzen sich auf den Sandkastenrand und nehmen die einzelnen Kunstwerke etwas genauer unter die Lupe. Jedes Kind überlegt, was die anderen geformt haben. Am Schluss geben die Kinder sich gegenseitig Auskunft.

Tierspiele

Tiger, Maus und Känguru

Schon früh verbinden Kinder Tiere mit bestimmten Eigenschaften und entsprechenden Bewegungen, die sie gerne im Spiel übernehmen. Sie schleichen wie eine Katze, sind flink wie kleine Mäuse, fühlen sich stark wie ein Löwe und tapsen behäbig wie ein Bär. Die folgenden Spielimpulse übernehmen diese tierische Spielfreude der Kinder ins Gruppenspiel.

U3-Angebot

Känguruschule

Erste Sprungübungen

Alter: ab 2 Jahren

Kängurus müssen gut hüpfen und springen können, deshalb üben sie dies, sobald sie nicht mehr ausschließlich im Beutel der Mutter sitzen. Die „Kängurumutter" (Spielleitung) sitzt auf dem Boden und grätscht die Beine. Die Kinder versuchen nun, mit beiden Füßen gleichzeitig (Schlusssprung) über die Beine zu springen. Dann schließt die Kängurumutter die Beine, und die Kinder springen erneut darüber.

Variante

Noch etwas schwieriger wird die Übung, wenn der Erwachsene die Beine etwas anhebt.

U3-Angebot

Tigerball

Alter: ab 2 Jahren
Material: Bälle, 2 große Gymnastikreifen

Die Bälle stellen Tiger dar, die im Zirkus durch brennende Reifen springen. Die Spielleitung hält zwei Reifen in den Händen. Die Kinder zielen mit den Bällen durch die Reifen.

Variante

Schwieriger wird es, wenn die Spielleitung sich mit den Reifen dreht und wendet, denn ein bewegliches Ziel ist schwerer zu treffen.

U3-Angebot

Mäuse auf Käsejagd

Alter: ab 2 Jahren
Material: für drei Kinder jeweils 1 naturgetreues Stück Käse, z. B. aus Plastik oder Holz; 1 Triangel

Alle Kinder bis auf drei stehen mit gegrätschten Beinen auf der Kreisbahn. Während nun die drei Mäuse-Kinder im Außenkreis herumkrabbeln, übergibt die Spielleitung heimlich drei Kindern im Kreis jeweils ein Stück Spielzeug-Käse, den sie in den Händen halten. Sobald jedoch die Spielleitung einmal kurz die Triangel anschlägt und ruft: *„Mäuse, sucht den Käse!"*, müssen die Mäuse-Kinder durch jeweils ein Paar Beine krabbeln und im Innenkreis den Käse suchen. Konnte jedes Mäuse-Kind ein Stück Käse finden, tauscht es mit dem betreffenden Kind den Platz. Eine neue Spielrunde beginnt mit drei neuen Mäuse-Kindern, die wieder vergnügt im Außenkreis herumkrabbeln.

U3-ANGEBOT

Wo ist die Mäusefamilie?

Alter: ab 2 Jahren

Die Gruppe sitzt im Stuhlkreis beisammen. Die Spielleitung wählt ein Kind aus und möchte wissen, wie sein Lieblingstier heißt. Vielleicht ist es eine Maus, eine Katze oder ein Elefant? Das Kind sagt z. B. *„Maus!“*

Daraufhin möchte die Spielleitung wissen, wo sich die Mäusefamilie befindet.

Das Kind krabbelt nun als Maus mit den übrigen Kindern so lange im Innenkreis herum, bis die Spielleitung die Mäusefamilie (bzw. die betreffenden Kinder) bittet, sich wieder in den Stuhlkreis zu setzen.

Sitzen alle Kinder erneut im Kreis beisammen, wählt die Spielleitung ein weiteres Kind aus. Dieses wählt ein neues Tier aus, das gleich alle Kinder im Innenkreis darstellen.

Das Spiel ist aus, sobald alle Kinder an der Reihe gewesen sind.

Variante für Kinder ab 2,5 Jahren

Das Spiel verläuft so ähnlich wie oben beschrieben. Allerdings spielen jetzt alle Kinder nicht nur das ausgewählte Tier, sondern tauschen dabei gleich auch ihre Plätze. Sitzen alle Kinder wieder im Stuhlkreis, benennt das nächste Kind ein neues Tier.

AB 3 JAHREN

Flinke Mäuse

Die Kinder bilden einen Kreis. Zwei Kinder, die direkt nebeneinander stehen, spielen Mäuse und stellen sich Rücken an Rücken auf. Alle übrigen Kinder stehen hintereinander mit gegrätschten Beinen.

Auf ein Startzeichen der Spielleitung krabbeln die zwei Mäuse-Kinder so schnell sie können unter den Beinen der einzelnen Kinder hindurch. Dabei krabbelt eine Maus im Uhrzeigersinn und die andere in Gegenrichtung durch den Kreis. Die übrigen Kinder feuern die beiden Mäuse durch lautes, rhythmisches Klatschen an. Treffen die beiden Mäuse aufeinander, bleiben sie hocken und die anderen Kinder zählen mithilfe der Spielleitung, welche Maus durch die meisten Beine gekrabbelt ist und damit den längsten Weg zurückgelegt hat. Wer wird zur schnellsten Maus des Kindergartens? In der nächsten Runde wiederholen zwei andere Mäuse-Kinder das Spiel.

Variante

Alle Kinder stellen sich hintereinander im Kreis mit gegrätschten Beinen auf. Zwei Kinder, die je nach Kreisgröße ca. vier Plätze im Kreis voneinander entfernt stehen, krabbeln auf ein Startzeichen im Uhrzeigersinn hintereinander durch die gegrätschten Beine. Dabei spielt das vordere Kind eine Maus und das hintere Kind eine Katze, die die Maus fangen will. Gelingt das, bevor die Maus wieder ihren Ausgangsplatz erreicht?

AB 3 JAHREN

Bärenstarke Begegnungen

Alle Kinder stehen mit der Spielleitung im Kreis. Ein Kind geht in die Mitte und stellt sich der Gruppe vor, z. B.: *„Ich heiße Noah und hüpfe wie ein Känguru!“* Daraufhin hüpft das Kind kreuz und quer durch den Innenkreis. Hebt die Spielleitung beide Arme in die Luft, stellt sich das Kind wieder in die Kreismitte. Nun sagen alle anderen Kinder: *„Noah, auch wir hüpfen wie ein Känguru!“* Alle Kinder stellen sich hintereinander auf und hüpfen gemeinsam so lange im Kreis herum, bis das Kind in der Mitte die Hand hebt und *„Stopp!“* ruft. Es sucht sich ein Kind aus, das am schönsten gehüpft ist, und tauscht mit ihm den Platz. Das neue Kind überlegt sich ein anderes Tier und sagt z. B.: *„Ich heiße Lara und ...*

- *tapse wie ein großer Bär!“*
- *krabble wie eine kleine Maus!“*
- *trample wie ein Elefant!“*
- *trabe wie ein Pferd!“*
- *schleiche wie ein Tiger!“*
- *hopple wie ein Hase!“* etc.

AB 3 JAHREN

Krokodil am Nil

Auf einer anstrengenden Expedition in Ägypten kann es kleinen ForscherInnen schon mal so richtig heiß werden. Da ist ein Fußbad im Nil eine willkommene Abwechslung! Allerdings soll es dort Krokodile geben, die besonders gern „Kinderfüße" zu Mittag verspeisen ...

Alle Kinder ziehen ihre Schuhe aus. Zwei von ihnen spielen Krokodile und robben auf dem Bauch unter den Stühlen hindurch auf der Jagd nach Kinderfüßen! Die Krokodilkinder greifen mit einer Hand durch die Stuhlbeine hindurch, um einen Fuß zu erwischen und festzuhalten. Die Kinder geben gut Acht und strecken jedes Mal, wenn sich eins der Krokodile nähert, ihre Beine gerade nach vorn parallel zum Boden aus, sodass das Krokodil ihre Füße nicht erreichen kann.

Sie dürfen ihre Füße dazu nicht einfach auf den Stuhl stellen, denn in der beschriebenen Haltung können sie nicht allzu lange verharren und sind gezwungen, die Beine zur Entspannung wieder nach unten baumeln zu lassen – die Chance für das Krokodil! Hat es einen Kinderfuß geschnappt, tauscht das Kind mit ihm die Rolle.

AB 3 JAHREN

Fuchs-Alarm

Material: Blätter und Zweige, 1 Handtrommel

Die Spielleitung wählt ein größeres übersichtliches Spielfeld aus.

Die Kinder sammeln Blätter und Zweige, mit denen sie zwei bis drei große Kreise (Durchmesser: ca. 5 m) auf dem Spielfeld auslegen, die einen Kaninchenbau darstellen.

Die Spielleitung zählt zwei bis drei Kinder aus, die Füchse spielen und vom Spielfeldrand aus die Kaninchen beobachten.

Die Kaninchen springen vergnügt auf dem Spielfeld herum.

Plötzlich ruft die Spielleitung: *„Fuchs-Alarm!"*

Blitzschnell springen alle Füchse auf das Spielfeld, um die Kaninchen zu fangen. Die Kaninchen laufen schnellstmöglich zum Kaninchenbau, um sich vor den Füchsen in Sicherheit zu bringen.

Schnappt ein Fuchs ein Kaninchen, dann spielt es in der nächsten Spielrunde ebenfalls einen Fuchs. Sind nur noch drei bzw. zwei Kaninchen-Kinder auf dem Spielfeld, dann stellen diese die Füchse und alle anderen die Kaninchen dar.

AB 3 JAHREN

Storchentanz

Material: 1 aufgezeichnete bzw. aufgeklebte Linie oder 1 dicke Schnur

Lassen Sie die Kinder im „Storchenschritt" über die Linie balancieren. Im Storchenschritt bedeutet, dass die Kinder die Knie bei jedem Schritt weit nach oben ziehen. Es ist gar nicht so leicht, im Storchengang das Seil oder die Linie zu treffen!

AB 3 JAHREN

Wetthüpfen der Frösche

Material: pro Kind 1 kleine Knabberei (z. B. 1 Nuss, 1 Süßigkeit, 1 Apfelschnitz)

Die Kinder sind bei diesem Spiel Frösche und stellen sich nebeneinander auf. Sie gehen in die Hocke und drehen die Knie leicht nach außen, die Arme nehmen sie nach vorne zwischen die Beine. Legen Sie in einiger Entfernung „Froschfutter" auf den Boden. Dann werden die Frösche versuchen, möglichst schnell an das Futter zu kommen, indem sie mit beiden Füßen gleichzeitig hüpfen. Wer das Froschfutter zuerst erreicht hat, darf es essen.

> *Tipp*
> *Sie können auch für jeden Frosch einen Köder auslegen.*

Variante

Auf einer gepflasterten Fläche hüpfen die Kinder um die Wette. Je nach Größe der Platten dürfen sie aber nur auf jede zweite oder dritte Platte hüpfen und die Fugen nicht berühren.

Variante ab 5 Jahren

Schwieriger wird es, wenn die Kinder nur auf einem Bein hüpfen sollen. Wer auf eine Fuge tritt, fängt von vorne an.

AB 4 JAHREN

Känguruspringen

Kinder laufen nicht nur gerne um die Wette, es macht ihnen auch Spaß, um die Wette zu hüpfen.

Die kleinen „Kängurus" stellen sich in einer Reihe nebeneinander, ihre Hände halten sie wie Ohren an den Kopf. Auf ein Startzeichen hin beginnt das Wettspringen. Dabei hüpfen die Kinder auf beiden Füßen gleichzeitig (Schlusssprung) zur anderen Seite des Raumes.

AB 4 JAHREN

Gänsemarsch

Material: 1 Decke oder 1 großes Tuch, evtl. pro Kind 1 Reifen

Die Kinder sind heute mal Gänse. Sie stellen sich nebeneinander auf und gehen in die Hocke. In einiger Entfernung zu den Kindern breiten Sie eine Decke aus oder legen mehrere Reifen nebeneinander.

Decke oder Reifen stellen einen Teich dar. Weil es heute besonders heiß ist, möchten die Gänse baden gehen. Hierfür setzen sie sich in der Hocke in Bewegung und gehen im „Gänsemarsch" zum Wasser. Am Teich angekommen, hüpfen die Gänse ins Wasser (auf die Decke oder in die Reifen).

AB 4 JAHREN

Schlaf, kleine Maus

Ein Kind spielt die kleine Maus. Sie ist müde und setzt sich mit geschlossenen Augen auf den Boden. Die anderen Kinder sind Katzen. Sie stellen sich mit einem gewissen Abstand zur Maus auf. Weil die Katzen hungrig sind, schleichen sie sich an und versuchen dabei, die Maus nicht zu wecken. Sobald die Maus jedoch ein Geräusch vernimmt, piepst sie. Ihre Augen bleiben dabei geschlossen und sie zeigt mit dem Finger in die Richtung, aus der das Geräusch gekommen ist. Hat sie tatsächlich in die richtige Richtung gezeigt, muss die ertappte Katze zum Ausgangspunkt zurückkehren oder scheidet aus dem Spiel aus. Die Katze, der es gelingt, die Maus zu berühren, bevor sie ein Geräusch gehört hat, darf die nächste Maus spielen.

AB 4 JAHREN

Ochs und Esel

Material: 1 aufgezeichnete bzw. aufgeklebte Linie oder 1 dicke Schnur

Zwei Kinder stellen sich mit etwa zwei Metern Abstand zueinander auf.

Nun beginnt ein Kind damit, einen Fuß direkt vor den anderen zu setzen und sagt dazu: *„Ochs"*.

Danach stellt das andere Kind einen Fuß vor den anderen und sagt: *„Esel"*. So nähern sich die Kinder einander, indem sie immer im

Wechsel einen Fuß vor den anderen setzen und dazu *„Ochs"* oder *„Esel"* sagen.

Am Schluss passt kein ganzer Fuß mehr in die Lücke zwischen den beiden Kindern. Das Kind, das seinen Fuß nicht mehr einsetzen kann, hat verloren und ist dann der Ochs oder der Esel, je nachdem, welche Rolle es in dem Spiel gespielt hat.

Hinweis
Es verlangt von den Kindern einige Geschicklichkeit, einen Fuß unmittelbar vor den anderen zu setzen und das Gleichgewicht zu halten, ohne umzufallen. Die Aufmerksamkeit ist ganz auf die Füße gelenkt.

AB 4 JAHREN

Eisbären jagen Robben

Will ein Eisbär sich einige Robben fangen, zeichnen ihn Schnelligkeit und gezielter Krafteinsatz aus.

Anzahl: mind. 6 Kinder (bis Schulklassengröße)
Material: mehrere Matten

Mehrere Matten zu einem „Eismeer" zusammenschieben.

Auf der einen Seite des Raumes steht der Eisbär, auf der anderen Seite sind die Robben. Der Eisbär begibt sich im Vierfüßlergang, die Robben begeben sich bäuchlings kriechend auf die jeweils andere Seite des Raumes. Dabei versucht der Eisbär, eine der kriechenden Robben auf den Rücken zu drehen. Gelingt ihm das, wird diese Robbe beim nächsten Spieldurchgang auch zum Eisbären und darf ihm beim Robbenfang helfen.

Hinweis
Anfangs sollte die Gruppe nicht zu groß sein, damit jedes Kind den Überblick behalten kann. Auch durch Zuschauen kann jeder etwas lernen.

AB 4 JAHREN

Schlangengrube

Schnelle und gezielte Reaktionen helfen der züngelnden Schlange, weitere Mitspieler auf ihre Matte zu holen.

Anzahl: mind. 6 Kinder
Material: Turnmatten oder Kreppband

Ein Teil des Turnraumes wird zur Schlangengrube erklärt und mit Turnmatten oder Kreppband auf dem Boden begrenzt. Ein Kind spielt die Schlange, die züngelnd über den Boden kriecht.

Die MitspielerInnen dürfen diese Schlange eine zeitlang streicheln und anfassen. Dann ruft die Spielleitung: „Achtung, Schlange!" Daraufhin versucht die Schlange ein Kind zu berühren, das ebenfalls zur Schlange wird. Dann beginnt das Spiel mit zwei Schlangen von Neuem.

Wer sich außerhalb der Schlangengrube befindet, ist in Sicherheit und darf von der Schlange nicht mehr berührt werden. Jedes Kind, das von der Schlange berührt wurde, ist im nächsten Spieldurchgang auch eine Schlange.

Variante

Um der Schlange das Fangen zu erleichtern, erhält sie von der Spielleitung die Erlaubnis, nach dem Kommando: „Achtung, Schlange!" wie alle anderen Kinder laufen zu dürfen.

AB 4 JAHREN

Krokodil-Spiel

Entspannt liegen die Krokodile in der Sonne ... Konzentration und spontanen Krafteinsatz zeigen sie, wenn sie auseinandergerissen werden sollen. Jeder Mitspieler setzt sich dann für den anderen ein.

Material: evtl. CD-Spieler, CD mit Entspannungsmusik
Anzahl: mind. 6 Kinder

Alle Kinder legen sich bäuchlings im Kreis auf den Boden, fassen den jeweiligen Nachbarn fest an den Händen an und schließen die Augen. Alle sind Krokodile, die am warmen Fluss liegen und in der Sonne träumen. Leise schleicht sich nun ein weiteres Krokodil, die Spielleitung, an die Gruppe heran. Plötzlich schnappt es zu und zieht ein Kind an den Beinen aus dem Kreis, und zwar so kräftig, dass der Nachbar das Kind nicht mehr festhalten kann.

Bei einer großen Gruppe kann dieses Kind der Spielleitung helfen, die schlafenden Krokodile aus dem „Wasser" zu ziehen. Es kann sich auch an den Rand auf die Bank setzen oder sich schon umziehen, wenn das Krokodil-Spiel als Abschlussspiel einer Turnstunde gewählt wurde.

Hinweis
Während des Spiels kann im Hintergrund leise Entspannungsmusik gespielt werden. Die in der Sonne träumenden Krokodile kommen dann leichter zur Ruhe und können sich besser entspannen.

Variante Fallschirmspringer

Die Gruppe liegt wie beim Krokodilspiel bäuchlings im Kreis und hält sich an den Händen. Die Spielleitung ist der „Sturm", der versucht, die gerade zur Erde gleitenden Fallschirmspringer auseinander zu reißen. Gelingt das dem „Sturm" mit einem Kind, wird dieses ebenfalls zum „Sturm" und hilft, die Kinder an den Füßen aus dem Kreis zu lösen.

AB 4 JAHREN

Bärenschritte

Ein Kind stellt sich in die Kreismitte und spielt z. B. einen schwerfälligen Bären.

Dazu tapst es gleichmäßig, sich langsam wiegend, im Kreis herum. Die anderen Kinder beobachten die Bärenschritte genau und klatschen zu jedem Schritt in die Hände.

Bleibt der „Bär" vor einem der Kinder stehen, wechselt er mit ihm die Plätze. Das neue Kind in der Mitte überlegt sich ein anderes Tier, dessen Schritte die Kinder klatschend begleiten: Es hüpft z. B. wie ein Grashüpfer, springt wie ein Känguru, hoppelt wie ein Hase, stolziert wie ein Pfau, watschelt wie eine Ente oder schleicht wie eine Katze. Je nach Charakter des Tieres variiert dabei automatisch die Schrittgeschwindigkeit.

AB 4 JAHREN

Elefanten fangen

Kinder lieben Papiertröten, die oft als Partyspaß z. B. zu Karneval verkauft werden. Meist haben sie jedoch wenig Gelegenheit, sie einzusetzen oder die Erwachsenen sind genervt von den durchdringenden Tönen, sodass die Tröte schnell in der Ecke landet. Bei diesem Spiel können die Kinder nach Herzenslust tröten, so viel sie wollen!

Material: pro Kind 1 Papiertröte

Drei Kinder werden als „ElefantenfängerInnen" ausgewählt und stellen sich in die Kreismitte. Alle anderen Kinder spielen die „Elefantenherde" und erhalten dazu alle eine Papiertröte, die sich beim Hineinblasen wie ein Rüssel nach vorn entfaltet.

Die Fängerkinder laufen langsam im Kreis an den sitzenden „Elefanten" vorbei, um sie abzuschlagen. Die „Elefanten" vertreiben die Fänger, indem sie ihren Rüssel mit einem lauten „Tröröh" ausfahren – nun dürfen sie nicht abgeschlagen werden.

Fährt ein Elefantenkind seinen Rüssel jedoch nicht rechtzeitig aus und kann abgeschlagen werden, tauscht es mit dem Fänger die Rolle.

AB 4 JAHREN

Elefanten auf Erdnussjagd

Dieses Spiel stellt eine schöne Verbindung von Geschicklichkeit und Ausdauer dar. Auch etwas ungeschicktere Kinder haben Spaß an diesem Spiel, denn sie können sich dabei intensiv bewegen.

Material: viele Wäscheklammern in verschiedenen Farben

Die Kinder finden sich zu Kleingruppen von vier bis sechs Kindern zusammen. Ein Kind aus der Gruppe spielt den Elefantenwärter, die anderen sind die Elefanten.

Die Spielleitung teilt jeder Kleingruppe so viele Wäscheklammern aus, dass auf jeden Elefanten fünf Klammern kommen. Jede Gruppe erhält ihre Klammern in einer anderen Farbe, damit die Kinder sich besser merken können, wer ihr Wärter ist.

Die Elefanten-Kinder stecken alle Klammern als „Erdnüsse" hinten an das T-Shirt des Wärter-Kindes.

Sie greifen mit einer Hand an die eigene Nase und stecken ihren anderen Arm durch die Lücke hindurch, sodass ein Rüssel entsteht. Der Wärter macht sich mit den Erdnüssen aus dem Staub – die Elefanten hinterdrein, denn sie wollen ihm mit ihrem Rüssel die Erdnüsse klauen.

Hat ein Elefant eine Nuss ergattert, isst er sie sofort auf. Dazu klemmt das Kind die Wäscheklammer in Bauchgegend an sein Oberteil.

Haben es die Elefanten geschafft, dem Wärter alle Nüsse zu klauen, wird ein anderes Kind aus der Kleingruppe bestimmt, das als nächstes die Rolle des Wärters übernimmt. Das Spiel ist zu Ende, wenn alle Kinder einmal den Wärter gespielt haben.

AB 4 JAHREN

Mäusebussard auf Jagd

Der Mäusebussard ist ein guter Jäger. Auf seiner Speisekarte stehen z. B. Feldmäuse, Jungvögel, Insekten, Reptilien, aber auch tote Tiere und Aas.

Material: Chiffontücher, Handtrommel

Die Spielleitung markiert einen großen Kreis mit Tüchern so auf dem Boden, dass die Kinder zwischen den Tüchern her krabbeln können. Ein Kind spielt den Mäusebussard und alle anderen Feldmäuse, die etwa einen Meter entfernt um den Mäuseloch-Kreis herum krabbeln.

Der Mäusebussard fliegt weit um die Feldmäuse herum und hält nach diesen Ausschau. Erklingt ein kräftiger Trommelschlag, krabbeln alle Feldmäuse blitzschnell zwischen zwei Tüchern in den Kreis. Der Mäusebussard versucht vorher eine Feldmaus zu fangen. Gelingt ihm das, tauschen die beiden Kinder ihre Rollen. Wenn nicht, wiederholt der alte Mäusebussard das Spiel.

AB 4 JAHREN

Der Storch schnappt zu

Material: keins

Die Spielleitung bestimmt ein Kind, das den Storch spielt. Alle anderen Kinder sind Frösche und hüpfen entsprechend durch den Raum. Der Storch schreitet im Storchengang durch den Raum und hebt dazu die Beine, außerdem schlägt er seine gestreckten Arme vor sich als Schnabel auf und zu.

Der Storch hat schrecklichen Hunger und begibt sich auf Froschjagd. Mit seinem langen Schnabel fängt er einen Frosch nach dem anderen. Dazu umfasst das Storch-Kind ein Frosch-Kind mit seinen Armen. Hat der Storch einen Frosch gefangen, gibt es zwei Möglichkeiten:

- Der gefangene Frosch tauscht mit dem Storch seine Rolle und wird zum neuen Storch oder
- das Frosch-Kind wird in einen zweiten Storch verwandelt. Sind aus allen Fröschen Störche geworden, ist das Spiel zu Ende.

AB 4 JAHREN

Auf dem Spinnennetz

Material: Kreide oder farbiges Klebeband

Die Spielleitung markiert entweder mit Kreide oder mit Klebeband auf dem Boden einen großen Außenkreis und darin zwei kleinere Innenkreise. Alle Kreise unterteilt sie in acht gleich große Kuchenstücke, sodass ein Spinnennetz entsteht.

Die Kinder stellen sich auf der äußeren Kreislinie auf und balancieren von dort ausgehend über alle Linien, sodass sie kreuz und quer über das gesamte Spinnennetz laufen. Begegnen sich zwei Kinder, versuchen sie so aneinander vorbeizugehen, dass sie möglichst nicht mit ihren Füßen von der Linie abkommen.

Klatscht die Spielleitung laut in die Hände, bleiben alle Kinder stehen und stellen sich auf ein Bein. Wer kann bis zum nächsten Klatscher in dieser Position verharren? Ein Kind, das die Aufgabe besonders gut meistert, übernimmt die Rolle der Spielleitung und klatscht bei der nächsten Runde.

Varianten

Anstatt auf einem Bein zu stehen, bleiben die Kinder auf dem Spinnennetz ...

- auf den Zehenspitzen,
- auf den Fersen oder
- mit überkreuzten Beinen stehen.

AB 5 JAHREN

Fuchsjagd

Material: 3–5 Luftballons pro Kind, Kordel, Schere; evtl. etwas Sand
Ort: Wiese

Die Spielleitung bläst gemeinsam mit den Kindern zunächst drei bis fünf Luftballons auf und verknotet sie. Um den Knoten jedes Luftballons wird mit einem Ende ein Stück Kordel in der Länge von ca. 1,5 bis 2 m gebunden. Ein Kind spielt den Fuchs und befestigt das freie Ende der Kordeln als Fuchsschwanz an seiner Hose (Gürtelschlaufe o. Ä.), sodass die Ballons bis auf den Boden herabhängen.

Alle anderen Kinder jagen den Fuchs und laufen hinter ihm her, um alle Ballons zu zertreten. Das ist gar nicht so leicht, denn die Ballons rutschen schnell unter dem Fuß weg und so manch einer findet sich plötzlich auf dem weichen Wiesenboden wieder!

Sind alle Luftballons zerplatzt, bestimmt die Spielleitung einen neuen Fuchs, bis jedes Kind einmal an der Reihe war.

> *Hinweis*
> *Damit die Ballons vom Wind nicht ständig in die Luft gewirbelt werden, kann die Spielleitung in jeden Luftballon ein wenig Sand füllen.*

Variante: Wasserraupe

Diese Variante ist nur für draußen geeignet und lässt sich am besten auf dem Rasen spielen – eine herrliche Erfrischung für die Füße an warmen Tagen!

Fünf bis sieben Luftballons werden mit Wasser gefüllt, ein wenig aufgepustet und verknotet. An einem langen Stück Kordel werden sie zu einer „Wasserraupe“ aneinander gereiht. Die Kinder ziehen Schuhe und Strümpfe aus.

Ein Kind nimmt das Ende der Kordel in die Hand und läuft vor den anderen Kindern weg, wobei es die Raupe hinter sich über den Boden zieht. Alle anderen laufen hinterher, um die Wasserballons mit den Füßen zu zertreten. Das Kind, das den letzten Ballon zum Platzen gebracht hat, darf nun eine neue Wasserraupe ziehen!

AB 5 JAHREN

Löwenkäfig

Körpergeschick und eine individuelle Falltechnik sollen die laufenden Kinder zu Fall bringen, damit der krabbelnde Löwe Unterstützung bekommt.

Material: 1 Weichboden oder mehrere Matten
Anzahl: mind. 4 Kinder

Einen Weichboden bereitstellen bzw. mehrere Matten zu einem Löwenkäfig zusammenschieben, der sich in der Größe nach der Anzahl der Kinder richtet. Im Löwenkäfig bewegt sich der Löwe auf Händen und Füßen krabbelnd fort. Alle anderen Kinder laufen so lange um den Löwen herum, bis sie von ihm durch Ziehen an einem Körperteil (Arm oder Bein) oder eine andere vorher bestimmte Technik zu Fall gebracht werden.

Jetzt sind sie auch Löwen und helfen beim Jagen. Das Spiel wird so lange fortgesetzt, bis nur noch ein Kind übrig bleibt.

Variante

Für jüngere Kinder sollte die Anzahl der MitspielerInnen begrenzt werden, damit sie den Überblick beim Spiel nicht verlieren (höchstens vier Kinder). Freiwilligkeit ist auch hier oberstes Gebot. Zaghaftere Kinder dürfen sich ihre MitspielerInnen selbst aussuchen.

AB 5 JAHREN

Hahnenkampf

Zwei „Streithähne" stehen sich auf einem Bein und mit vor der Brust verschränkten Armen gegenüber.

Auf ein Zeichen hin hüpfen sie aufeinander zu und versuchen, sich gegenseitig durch Puffen und Stoßen dazu zu bringen, das Gleichgewicht zu verlieren, so dass der zweite Fuß den Boden berührt. Wer zuerst den zweiten Fuß zu Hilfe nehmen muss, hat verloren.

Tipp
Beide Kinder sollten ungefähr gleich groß und gleich kräftig sein.

AB 5 JAHREN

Ab in den Hühnerstall

Material: 1 weiße Straßenkreide, 1 Schaumstoffwürfel

Vorbereitung

Die Spielleitung zeichnet einen großen Kreis auf den Asphalt oder auf das Kopfsteinpflaster. Dieser stellt den Hühnerstall dar. Jedes Kind zeichnet eine eigene Hühnerleiter mit achtzehn Stufen bis zum Kreisrand.

Spielablauf

Das jüngste Kind fängt an zu würfeln. Es stellt sich vor die erste Stufe und hüpft entsprechend der gewürfelten Punktzahl von Stufe zu Stufe. Als Nächstes ist das zweite Kind an der Reihe. Es würfelt und hüpft ebenfalls der Augenzahl entsprechend auf seiner Leiter weiter. Reihum setzen die Kinder auf diese Art das Spiel so lange fort, bis ein Kind im Hühnerstall bzw. im Kreis steht.

AB 5 JAHREN

Affenstarke Kletterkids

Material: 1 Klettergerüst oder 1 Leiter sowie 1 dicke Paketschnur und 1 Schere, Klebepunkte in 2–3 verschiedenen Farben
Vorbereitung: Die Spielleitung bindet ggf. eine Leiter an einen großen, dicken Baum.

Spielablauf

Die Kinder bilden zwei bis drei gleich große Gruppen. Jede Gruppe nimmt sich Klebepunkte in einer bestimmten Farbe. Alle stellen sich vor ein großes Klettergerüst oder eine Leiter, die an einen Baum gebunden ist.

Sie klettern nacheinander auf das Gerüst oder die Leiter. Dabei bestimmt jedes Kind selbst, wie hoch es klettern möchte. Sie kleben am äußeren Rand der Sprosse oder Stufe, auf die sie als Letztes getreten sind, ihren Klebepunkt und klettern wieder herab. Allmählich kommen immer mehr Klebepunkte hinzu.

Am Ende zählt jede Gruppe die Sprossen oder Stufen, die zu ihren Klebepunkten führen. Dabei ergibt jede Sprosse oder Stufe einen Punkt.

Welche Gruppe hat wohl die meisten Punkte?

AB CA. 5 JAHREN

Hundekampf

Kämpfende Hunde haben wir alle schon gesehen. Übernehmen zwei Kinder diese Aufgabe, kann es zum Rangeln kommen, das von jedem viel Kraft fordert.

Material: 1 Gymnastikmatte pro Paar

Beide „Hunde" hocken in der Bankstellung hintereinander auf einer Gymnastikmatte. Der hintere umklammert die Hüfte des vorderen. Schafft es der vordere, sich aus der Umklammerung des Angreifers zu befreien? Die Positionen werden nach einiger Zeit getauscht.

AB 5 JAHREN

Ochs im Stuhlkreis

Wird das altbekannte Kinderspiel „Ochs am Berg" etwas abgeändert, kann es auch im Stuhlkreis gespielt werden.

Die Kinder bilden einen großzügig gestellten Stuhlkreis. Ein Kind stellt sich als „Ochse" in die Mitte, hält sich die Hände vor die Augen und dreht sich langsam um sich selbst. Ruft es laut: *„Ochs im Stuhlkreis, eins, zwei, drei"*, beginnen alle Kinder, schnell mit ihren Stühlen auf das Kind in der Mitte zu zu rutschen. Bei „drei" jedoch muss die Gruppe sofort wie zu Stein auf ihren Stühlen erstarren, denn der „Ochse" nimmt die Hände von den Augen und blickt rasch in der Runde herum:

Er schickt jeden mit seinem Stuhl zum Kreisrand zurück, der sich noch bewegt oder etwa aufgestanden ist! Erneut hält sich der „Ochse" die Augen zu, dreht sich und ruft seinen Spruch.

Welches Kind schafft es als erstes, so dicht mit seinem Stuhl an den „Ochsen" heranzukommen, dass es ihn – sitzend! – berühren kann?

AB CA. 5 JAHREN

Katze und Maus

Hat die Katze reaktionsschnelle, aufmerksame „Mausefallen", wird sie innerhalb kürzester Zeit alle herumlaufenden Mäuse in Mausefallen umwandeln können.

Material: mind. 2 Gymnastikreifen oder Fahnenstangen
Anzahl: mind. 6–8 Kinder

Die Gymnastikreifen oder Fahnenstangen als Freimale (Mauselöcher) in einem Abstand von etwa zwei Metern vor die Wand legen. Retten sich die Mäuse in einen Gymnastikreifen oder berühren sie eine Fahnenstange, sind sie „frei" und können von den Katzen nicht berührt werden.

Die Menge der Reifen oder Fahnenstangen richtet sich nach der Größe der Gruppe. Bei mehr Kindern entsprechend mehr Gymnastikreifen oder Fahnenstangen bereitstellen.

Die Mäuse stehen auf der einen Seite des Spielfeldes, die Katze auf der gegenüber liegenden. Ruft die Katze: „Miau!", rennen alle Mäuse zur anderen Spielfeldseite, möglichst ohne sich von der Katze fangen zu lassen.

Das Kind, das die Katze erwischt, wird zur „Mausefalle" und muss von jetzt an beim Fangen helfen. Die Mausefallen dürfen sich dabei nicht bewegen und bleiben auf ihren Plätzen stehen. Das heißt: Sie müssen vorbeilaufende Mäuse, die sie am Körper zu fassen kriegen, so lange festhalten, bis die Katze kommt und die gefangene Maus durch Berührung in eine Mausefalle verwandelt.

Gerät eine Maus in eine Mausefalle, wird sie versuchen, sich daraus zu befreien. Dabei unterstützen sie die anderen Mäuse, indem sie versuchen, sie aus der Mausefalle heraus zu ziehen. Bei den Befreiungsversuchen muss sich jeder strikt an die allgemein geltenden Regeln halten! Es wird so lange gespielt, bis alle Mäuse zu Mausefallen verwandelt sind.

Wichtig!

Die Mausefallen dürfen die Mäuse nicht an der Kleidung festhalten, sondern der Maus nur den Weg versperren und sie am Körper festhalten.

AB 5 JAHREN

Der Storch und die Frösche

Material: für ein Kind 1 Pogo-Stick (Sprungstab) oder 1 Paar selbstgemachte oder gekaufte (Dosen-)Stelzen, für alle anderen Kinder 1 Hüpfsack, 1 Trillerpfeife

Die Spielleitung sucht für das Spiel ein übersichtliches Spielfeld aus, auf welchem die Kinder einen Kreis bilden. Sie stellt sich in die Kreismitte, schließt die Augen, dreht sich um die eigene Achse und streckt dabei den rechten Arm und rechten Zeigefinger aus. Irgendwann bleibt sie stehen und deutet auf ein Kind, das den Storch spielt. Dafür erhält es von der Spielleitung einen Pogo-Stick oder ein Paar Stelzen. Alle anderen Kinder erhalten Hüpfsäcke und verteilen sich auf dem Spielfeld. Sie spielen Frösche, die quakend herum hüpfen.

Die Spielleitung ruft laut: „Auf die Plätze, fertig, los, Storch!" Der Storch muss hüpfend oder mit Stelzen einen Frosch fangen. Hat er einen Frosch erwischt, bleibt dieser so lange stehen, bis er von einem anderen Frosch berührt wird.

Das Spiel ist aus, wenn drei Frösche auf der Stelle stehen oder die Spielleitung nach ca. fünf Minuten das Spiel abpfeift. Eine weitere Spielrunde beginnt.

Variante für jüngere Kinder

Der Storch hüpft auf einem Bein und alle anderen Kinder wie Frösche auf dem Spielfeld herum. Sie passen auf, dass sie nicht vom Storch geschnappt werden.

Musikspiele

Musik, Spiel und Tanz

„Kinder haben von klein auf großen Spaß an Musik. Sie zeigen spontanes Interesse an Klängen und Tönen und sind mit großem Eifer dabei, wenn sie selbst Töne von sich geben und die unterschiedlichsten Geräusche nicht nur mit dem eigenen Körper erzeugen dürfen. Diese Freude und das Interesse an Musik sollten auf keinen Fall unbeachtet bleiben, sondern durch gemeinsame Musikspiele, am besten im Spielkreis, verstärkt und vertieft werden."

Andrea Erkert

U3-ANGEBOT

Wer macht Musik?

Musik hören und in Bewegung kommen kann dabei helfen, dass Kinder ihre möglichen Ängste und Unsicherheiten abbauen und sich so viel schneller etwas zutrauen.

Alter: ab 1,5 Jahren
Material: pro Kind 1 Kissen; 1 großes einfarbiges Tuch; 3 Instrumente, wie z. B. Baby-Maracas, Schellenrassel, Tamburin; CD-Player und CD mit Tanzmusik

Vorbereitung

Die Spielleitung breitet ein großes Tuch aus, auf das sie drei Instrumente legt.

Spielverlauf

Die Kinder holen sich Kissen und bilden einen großen Sitzkreis um das Tuch herum. Die Spielleitung schaltet die Musik ein. Zum Rhythmus der Musik kann die Spielleitung gemeinsam mit den Kindern z. B. in die Hände klatschen, auf die Oberschenkel patschen oder auf den Boden stampfen.

Das geht so lange, bis sie die Musik stoppt und die Spielleitung ein Kind auswählt, das ein Instrument oder gar mehrere Instrumente, die auf dem Tuch liegen, ausprobiert.

Erklingt erneut die Musik, legt das Kind das Instrument auf das Tuch und setzt sich auf seinen Ausgangsplatz zurück. Danach fängt alles von vorne an.

U3-ANGEBOT

1, 2 und 3, ihr seid dabei!

Alter: ab 2 Jahren
Material: CD-Player und CD mit Tanzmusik

Die Spielleitung startet die Musik. Zum Rhythmus der Musik patschen alle Kinder im Stuhlkreis auf ihre Oberschenkel. Sobald jedoch die Spielleitung die Pausentaste des Abspielgerätes drückt, hören alle Kinder auf.

Die Spielleitung sagt nun: *„1, 2 und 3, ihr seid dabei!“* und deutet dabei bei jeder Zahl reihum auf drei Kinder im Stuhlkreis. Diese Kinder stellen sich in den Innenkreis. Sie schaltet erneut die Musik ein. Während nun die Kinder im Takt zur Melodie auf ihre Oberschenkel patschen, dürfen die drei Kinder im Innenkreis rhythmisch tanzen. Das geht so lange, bis sie erneut auf die Pausentaste des Abspielgerätes drückt. Auf diese Weise wird das Spiel immer weitergeführt, bis möglichst alle Kinder im Innenkreis im Takt zur Musik tanzen.

U3-Angebot

Patschkonzert

Bei dem folgenden Spiel setzen die Kinder ihren Körper als Musikinstrument ein und lernen dabei ganz nebenbei ihren eigenen Körper bewusst kennen.

Alter: ab 2,5 Jahren
Material: CD-Player und CD mit flotter Tanzmusik

Die Spielleitung schaltet die Musik ein, die leise im Hintergrund läuft. Sie führt die Gruppe an, indem sie im Takt zur Musik z. B. mit ihrer rechten Hand ...

- auf ihren linken Handrücken patscht,
- abwechselnd auf ihre Schultern patscht,
- auf ihren linken Ellenbogen patscht,
- auf den Bauch patscht,
- abwechselnd auf ihre Oberschenkel patscht,
- abwechselnd auf ihre Knie patscht,
- abwechselnd auf ihre Füße patscht.

Die Gruppe macht alles gleich mit. Dabei kann die Spielleitung die Gruppe auch fragen, wie der betreffende Körperteil heißt, auf den sie gerade mit der rechten Hand patschen.

U3-Angebot

Bewegung zur Musik

Alter: ab 2,5 Jahren
Anzahl: Kleingruppe
Ort: Gruppenraum, Bewegungsraum
Material: einfache Instrumente (z. B. Klangstäbe, Schütteldosen, Trommeln, Schellenbänder, Triangeln ...)
für die Variation: CD-Player, CD mit Kinderliedern oder klassischen Musikstücken wie „Peter und der Wolf", „Blumenwalzer", „Karneval der Tiere", „Die vier Jahreszeiten", Türkisch Marsch" usw.)

Spielideen:

Die Kinder gehen mit Instrumenten in der Hand durch den Raum, klingeln, klopfen ... (z. B. mit Schütteldosen, Schellenbändern, Klangstäben, Triangeln ...)

Haben die Kinder nach einiger Zeit ihren Rhythmus gefunden, wird ein einfaches Lied dazu gesungen.

So geht es auch:

- Die Kinder hören zunächst kurze Passagen eines Musikstückes und bewegen sich frei dazu.
- Sie können auch in Rollen schlüpfen, (z. B. bei „Karneval der Tiere" als Löwen ... Hühner ... Elefanten usw.). Hier sollten Sie nur kurze Passagen vorspielen und das betreffende Tier jeweils ansagen.
- Beliebt ist auch ein musikalischer Spaziergang: Alle gehen durch den Raum und singen dazu, z. B. die erste Strophe von „Hänschen klein, ging allein ...". Jetzt bleibt die Gruppe stehen. Im Wald entdecken die Kinder ein Männlein: „Ein Männlein steht im Walde ..." Dann geht es weiter. Ist dort nicht ein Hase? Jetzt schließt sich das Spiel „Häschen in der Grube ..." an. Kurz darauf steht da ein Storch auf der Wiese. Alle singen „Auf unsrer Wiese gehet was, watet durch die Sümpfe ..." und staksen wie Störche. Auch Spiellieder („Ringel-Ringel-Reihe", „Zeigt her eure Füße", „Brüderchen, komm tanz mit mir" u. Ä.) verbinden ideal musikalische Elemente mit einfachen Bewegungsformen.

U3-ANGEBOT

Freies Tanzen – „Kinderdisco“

Wer macht mit: 3–10 Kinder. (Bei mehreren Erzieherinnen ist auch eine größere Gruppe möglich, wobei die Zahl abhängig von der Größe des Raumes ist.) An der „Kinderdisco“ können Kinder teilnehmen, die sich in größeren Gruppen wohlfühlen und Freude an der Musik haben.
Was brauchen wir: CD-Player, Kindermusik-CD mit Bewegungsliedern oder Pop- und Schlagermusik

Was bieten wir an

Dieses Angebot eignet sich besonders, wenn die Gruppe sehr unruhig ist, die Kinder unkonzentriert sind und das Bedürfnis nach ausgelassener Bewegung spürbar ist.

Hinweis: Bietet die Erzieherin das erste Mal eine „Kinderdisco“ an, ist es für die Kinder einfacher, wenn sie klare Regeln erhalten oder diese gemeinsam erarbeiten, z. B.:

„Haltet beim Tanzen so viel Abstand zu den anderen, dass ihr niemanden schubst“ und „Abstand halten zum CD-Player, denn den bedient nur die Erzieherin.“

Hat das Angebot „Kinderdisco“ schon öfter stattgefunden, wissen die Kinder schon bei der Ankündigung „Kommt, wir machen Disco“ worum es geht.

Um keine unnötigen Konflikte entstehen zu lassen erklärt bzw. erinnert die Erzieherin an die Verhaltensregeln und legt die erste CD ein.

Viele Kinder bewegen sich beim Hören der ersten Takte selbstständig zur Musik. Die Erzieherin sorgt für eine abwechslungsreiche Musikauswahl und die Kleinen hüpfen, springen, wiegen sich, drehen sich im Kreis, klatschen ...

Die Erzieherin tanzt mit und macht Bewegungen vor. Die Kinder ahmen sie klatschend und sich im Kreis drehend nach. Manche Kinder bleiben zunächst als stille Zuschauer am Rand und „tasten“ sich beobachtend langsam an das Neue heran. Andere wiederum bevorzugen es, sich die Musik im Sitzen anzuhören, vielleicht klatschen sie mit oder bewegen Kopf und Oberkörper dazu ... Säuglinge oder noch unsichere Kinder nimmt die Erzieherin zwischendurch auf den Arm und bewegt sich mit ihnen im Takt der Musik.

Haben sich die Kinder genug bewegt, bieten sich zum Abschluss Entspannungsmusik oder Balladen an. Die Kinder legen oder setzen sich auf den Boden und lauschen der Musik. Dabei kommen sie zur Ruhe und spüren die Entspannung nach der Anspannung.

Was fördern wir besonders

Förderung im musikalisch-rhythmischen Bereich: Musik fördert die Körperwahrnehmung, sie regt die Bewegung an („Rhythmus im Blut“) bringt Menschen im Tanz zusammen und unterstützt die Sprachentwicklung über Mitsingen und Zuhören ... Durch das Tanzen und Bewegen zur Musik wird das Körpergefühl gefördert. Gemeinsam mitsingen, im Takt klatschen, springen ... fördert außerdem das Rhythmikgefühl der Kinder.

Förderung des Sozialverhaltens: Angebote ohne feste Strukturen schulen das Sozialverhalten der Krippenkinder. Sie müssen zum Beispiel beim Bewegen darauf achten, keinem anderen Kind weh zu tun, und Rücksicht nehmen, auch auf die Krabbelkinder. Das gemeinsame Tun in der Gruppe (wir stampfen alle zusammen, wir drehen uns gleichzeitig ...) fördert das Gemeinschaftsgefühl.

U3-ANGEBOT

Bewegungsspiel „1, 2, 3 im Sauseschritt …"

Wer macht mit: Kinder, die bereits sicher laufen. Krabbelkinder beobachten die anderen und versuchen, einzelne Bewegungen wie etwa klatschen usw. nachzuahmen. Kleinstkinder können auf den Arm der Erzieherin genommen werden, während diese die Bewegungen ausführt. Kinder, die nicht aktiv mitmachen wollen, dürfen das Ganze beobachten.
Was brauchen wir: CD-Player, CD mit Bewegungsliedern

Was bieten wir an

Der CD-Player wird eingeschaltet. Viele Kinder bewegen sich gerne und von alleine, sobald sie die Lieder und die Musik hören: Sie laufen dazu kreuz und quer durch den Raum, wiegen sich hin und her, springen, klatschen …

Die Erzieherin bildet mit den Kindern einen Kreis und alle singen das Lied gemeinsam. Die Erzieherin führt je nach Text des Liedes entsprechende Bewegungen aus und motiviert die Kinder, es ihr nachzumachen, z. B.:

- auf der Stelle treten
- sich bücken
- sich strecken
- sich einmal um sich selber drehen
- in die Hände klatschen
- mit den Beinen stampfen
- winken
- sich an den Händen fassen
- hüpfen …

Was fördern wir besonders

Spaß am gemeinsamen Bewegen: Die Kinder haben bei diesem Bewegungsspiel sehr viel Freude daran, zur Musik gemeinsam „kreuz & quer" zu laufen, sowie die entsprechenden Bewegungen zum Text gemeinsam auszuführen. Auch ist dies ein gutes Spiel, um dem natürlichen Bewegungsdrang der Kinder entgegenzukommen.

Erweiterung und Vertiefung des Wortschatzes: Merkmal vieler Bewegungslieder ist, dass sich der Text stets wiederholt. Dadurch werden die Kinder schnell mit dem Wortlaut vertraut. Das Mitsingen vertieft die Bewegungen und fördert den Wortschatz. Zusätzlich wird durch die Bewegungen anhand des Liedtextes die Begriffsbildung gestärkt.

AB 3 JAHREN

Stop & go

Material: Schwungtuch, CD-Player, Ball

Das Schwungtuch liegt auf dem Boden, die Musik spielt und die Kinder bewegen sich frei um das Tuch. Wenn die Musik stoppt, gibt die Spielleitung eine Anweisung, z. B. sich auf eine bestimmte Farbe zu legen, setzen, stellen, hocken … die die Kinder befolgen müssen. Setzt die Musik wieder ein, heißt es weiter tanzen bis zum nächsten Stopp …

AB 3 JAHREN

Morgen sehen wir uns wieder

Material: 1 Gymnastikreifen pro Kind, Schleifenband, Tanzmusik

Um einen der Gymnastikreifen bindet die Spielleitung ein Schleifenband.

Die Kinder bilden mit den Reifen einen engen Kreis auf dem Boden und jedes Kind stellt sich in einen der Reifen.

Zum Rhythmus der Musik hüpfen die Kinder auf der Kreisbahn hintereinander von einem Reifen in den anderen. Stoppt die Musik, wird das Kind, das in dem Reifen mit der Schleife steht, von der Gruppe folgendermaßen verabschiedet: „Julia, es wird Zeit nach Hause zu gehen! Und morgen dürfen wir dich wiedersehen!" Alle winken dem Kind so lange zu, bis die Musik erneut erklingt und alle Kinder wieder von einem Reifen in den anderen hüpfen.

Wurden die einzelnen Kinder mind. einmal verabschiedet, löst die Spielleitung den Kreis auf.

AB 3 JAHREN

Grimassen schneiden

Material: Musik

Fünf Kinder stellen sich in der Kreismitte auf und tanzen zum Rhythmus der Musik. Stoppt die Musik, suchen sich alle eines der Kinder im Kreis aus und schneiden vor ihm wilde Grimassen: Sie verdrehen die Augen, wackeln mit den Ohren, strecken die Zunge bis zur Nasenspitze heraus oder verziehen das Gesicht mit den Händen zu einer Fratze.

AB 3 JAHREN

Vorsicht, Hochwasser!

Musikstopp-Spiel

Körperliche Gewandtheit und Schnelligkeit sind beim „Hochwasser-Spiel" gefordert. Wer seinem Spielpartner zum „Überleben" auf eine „Insel" helfen will, muss sich engagieren und Hilfestellung geben.

Material: verschiedene Turngeräte (z. B. Langbank, Kästen, Hocker, Matten, Kastenoberteile), CD-Spieler, Musik-CD

Die Turngeräte im Raum verteilen. Die Spielleitung stellt die Musik an und alle Kinder laufen um die Geräte herum durch den Raum. Stoppt die Musik, muss sich jedes Kind vor dem „Hochwasser" retten, indem es schnell auf eines der Geräte klettert.

Bei jedem neuen Spieldurchgang wird eines der Turngeräte an die Seite geschoben. Somit wird es für die Kinder immer schwerer, eine der „Rettungsinseln" zu erreichen. Um zu „überleben", helfen sich die Kinder untereinander und rücken auf den Inseln zusammen.

Variante für Schulkinder

Bei älteren Kindern gibt die Spielleitung vor, wie viele jeweils auf eine Rettungsinsel dürfen. Derjenige, der sich nicht mehr auf eine Insel retten kann, scheidet aus.

AB 4 JAHREN

Fast-Food

Musikstopp-Spiel

Die heutige Generation der „Fast-Food-Gesellschaft" weiß, was ein „Hamburger" oder ein „Sandwich" ist. Mit Freunden in Bewegung umgesetzt, bedeutet das Rücksichtnahme und umsichtiges Verhalten, wenn die Körper übereinander auf dem Boden liegen.

Material: CD-Spieler, Musik-CD

Die Spielleitung stellt die Musik an, und alle Kinder laufen (evtl. in unterschiedlich angesagten Bewegungsformen) durch den Raum. Stoppt die Musik, sagt die Spielleitung eine der folgenden verschiedenen Aufgaben zur Umsetzung an:

- *„Pommes":* Jedes Kind legt sich lang auf den Boden.
- *„Sandwich":* Die Kinder legen sich zu zweit übereinander.
- *„Hamburger":* Drei Kinder legen sich übereinander.
- *„Cheeseburger":* Vier Kinder legen sich übereinander.
- *„Big Sandwich":* Fünf Kinder legen sich übereinander.

Variante

Je nach Alter, Bewegungserfahrung und Vertrauen der Kinder untereinander kann die Vielfalt der Ansagen durch die Spielleitung gesteigert werden.

Variante für Kinder ab 4 Jahren

Spielt man dieses Spiel mit vierjährigen Kindern, sollten nur zwei Formen („Pommes" und „Sandwich") zur motorischen Umsetzung angeboten werden.

Wichtig!
Die einzelnen Begriffe müssen vor dem Spiel mit der Gruppe besprochen und geprobt werden. Die Spielleitung weist klar darauf hin, dass die Kinder sich vorsichtig übereinander legen.

AB 4 JAHREN

Ballontanz

Dieses Spiel fördert in besonderem Maße neben der Geschicklichkeit auch das Sozialverhalten, denn die Kinder müssen sich intensiv aufeinander einstellen, kommunizieren und sich einigen, wenn sie die Aufgaben bewältigen wollen.

Material: 1 Luftballon pro Kinderpaar, Musik

Die Kinder finden sich zu Paaren zusammen. Sie blasen einen Luftballon auf und verknoten ihn mithilfe der Spielleitung.

Die Kinder klemmen den Ballon zwischen ihre Köpfe und tanzen damit zur Musik, ohne den Ballon zu verlieren, solange die Musik läuft.

Wenn die Spielleitung die Musik stoppt, nennt sie eine neue Aufgabe: Die Kinder klemmen den Luftballon zwischen ihre Bäuche, ihre Nasen, ihre Rücken oder ihre Knie.

Bei allen Aufgaben dürfen sie den Ballon nicht mit den Händen berühren!

Welches Kinderpaar schafft es, den Ballon nicht zu verlieren, bis die Musik ausgeht?

AB 4 JAHREN

Prinzessin auf der Erbse

Anzahl: 8 Kinder und mehr
Material: kleine Flummis (Gummibälle, ersatzweise Glasmurmeln), Musik

Ein Kind – der Prinz – verlässt den Raum. Ein anderes Kind wird zur Prinzessin und bekommt die Erbse (Flummi). Allerdings wird ihr die Erbse nicht unter die Matratze, sondern in den Schuh gelegt. Alle Kinder tanzen zur Musik und versuchen dabei den Prinzen zu täuschen, indem sie sich so bewegen, als hätten sie die Erbse im Schuh. Der Prinz, der auf Zuruf den Raum wieder betritt, macht sich auf die Suche nach der echten Prinzessin. Später werden die Rollen getauscht.

AB 4 JAHREN

Stopptanzen

Material: Musik; evtl. farbige Bänder

In einem sehr großzügig gestellten Stuhlkreis tanzen alle Kinder zum Rhythmus der Musik so lange umher, bis diese plötzlich stoppt. Die Spielleitung ruft den Namen eines Kindes, das möglichst viele Kinder abschlägt, die sich nicht schnell genug auf einen der freien Stühle retten können.

Setzt die Musik wieder ein, tanzen alle Kinder erneut gemeinsam im Kreis herum.

Beim nächsten Stopp fangen alle Kinder, die zuvor abgeschlagen worden sind, die übrigen Kinder, bevor diese einen Stuhl erreichen können. Erst wenn alle Kinder gefangen sind, ist das Spiel beendet.

Hinweis
Zur besseren Unterscheidung der Fänger bindet sich jeder neue kurz ein farbiges Band um die Hüfte.

AB 4 JAHREN

Bewegungsquatsch

Material: Musik

Im Takt der Musik beginnt eines der Kinder im Kreis, eine lustige Quatsch-Bewegung zu machen: Es streckt die Zunge heraus, deutet mit dem Zeigefinger auf die Stirn, klatscht mit den Händen auf den Po oder verzieht das Gesicht im Takt zu einer Grimasse. Die anderen Kinder müssen alle Bewegungen des Kindes nachahmen, bis es einem anderen Kind zublinzelt, das nun die Führungsrolle übernimmt.

AB 4 JAHREN

Wer hat etwas Gelbes an?

Anhand von Äußerlichkeiten oder Eigenschaften bilden die Kinder verschiedene Gruppen. Sie lernen, dass sie mit vielen Kindern unterschiedliche Gemeinsamkeiten haben und entwickeln dadurch ein Wir-Gefühl.

Material: Tanzmusik

Die Kinder bilden einen großzügigen Kreis.

Die Spielleitung nennt eine Farbe, z. B. Gelb. Jedes Kind schaut an sich herunter, ob es etwas Gelbes trägt. Wenn ja, tritt es in den Kreis und zeigt allen anderen sein gelbes Kleidungsstück. Sind alle gelb gekleideten Kinder versammelt, suchen sie sich jeweils ein Kind aus dem Außenkreis zum Tanzen aus. Sind alle vergeben, suchen sie sich ein freies Kind im Innenkreis aus. Die Spielleitung stellt die Musik an, zu der die Paare im Kreis herum tanzen. Alle übrigen Kinder, die noch im Außenkreis stehen, klatschen dazu rhythmisch in die Hände.

Stoppt die Musik, stellen sich alle Kinder wieder in einem großen Kreis auf und hören, welche Farbe die Spielleitung für die nächste Runde benennt.

Varianten

Die Spielleitung bittet alle Kinder in die Mitte, die ...

- ... blaue Augen haben,
- ... Türkisch sprechen,
- ... Mädchen sind,
- ... fünf Jahre alt sind etc.

AB 4 JAHREN

Tücher-Sammelsurium

Material: 1 Chiffontuch pro Kind (die Hälfte der Tücher z. B. in Rot, die andere Hälfte in Blau), Tanzmusik

Die Kinder bilden zwei Gruppen. Die Kinder der ersten Gruppe erhalten z. B. je ein rotes Tuch und die Kinder der anderen Gruppe je ein blaues Tuch. Alle Kinder befestigen ihr Tuch locker und ohne Knoten am Körper, z. B. legen sie es sich um die Schultern oder stecken einen Zipfel in den Hosenbund oder in den Ärmel.

Alle Kinder bilden einen Kreis, wobei sich die Gruppen gut vermischen. Aus jeder Gruppe tritt ein Kind in die Kreismitte. Die übrigen Kinder fassen sich an den Händen und gehen im Rhythmus der Musik im Uhrzeigersinn im Kreis herum. Klatscht die Spielleitung dreimal laut in die Hände, laufen die beiden Kinder in der Kreismitte los, um so schnell wie möglich alle Tücher in ihrer Farbe einzusammeln. Dazu ziehen sie einfach den Kindern ihrer Gruppe alle Tücher von den Schultern, aus den Ärmeln etc. Das ist jedoch gar nicht so einfach, da sich die Kinder weiter im Kreis fortbewegen. Das Kind, das am schnellsten alle Tücher seiner Gruppe einsammeln konnte, ist Sieger!

AB 4 JAHREN

Kissenschlacht-Stopptanz

Material: 1 Kissen pro Kind, Tanzmusik

Jedes Kind erhält ein Kissen und stellt sich damit in einem großzügigen Kreis auf. Zur Musik bewegen sich alle Kinder mit den Kissen an ihrem Platz. Dabei erfinden sie lustige Bewegungen mit dem Kissen, z. B. lassen sie es im Takt unter ihren gegrätschten Beinen durchschwingen, halten es auf dem Kopf und hüpfen damit auf und ab oder werfen es sacht von einer Hand zur anderen.

Stoppt die Musik, heißt es aufgepasst, denn nun veranstalten alle Kinder eine große Kissenschlacht!

Sie dürfen sich so lange gegenseitig mit den Kissen bewerfen, bis die Musik wieder erklingt. Jedes Kind greift sich erneut eines der Kissen und bewegt sich damit an seinem Platz.

AB 4 JAHREN

Clownsgesichter

Material: Schminkstifte in verschiedenen Farben für die Hälfte der Kinder, Gesichtscreme, Tanzmusik, großer Spiegel

Die Kinder bilden zwei Gruppen. Die Kinder der einen Gruppe suchen sich jeweils einen Schminkstift aus und stellen sich damit im Kreis auf. Die Kinder der zweiten Gruppe reiben sich das Gesicht mit Creme ein und bilden einen Innenkreis.

Zum Rhythmus der Musik bewegen sich die Kinder im Innenkreis am Außenkreis entlang. Stoppt die Musik, bleiben die Kinder im Innenkreis jeweils vor einem Kind im Außenkreis stehen. Diese malen ihrem Gegenüber z. B. (Schlangen-)Linien, eine Figur oder eine geometrische Form ins Gesicht.

Wer möchte, malt einen Teil des Gesichts flächig an, z. B. die Nase oder das Kinn.

Setzt die Musik wieder ein, bewegen sich die Kinder im Innenkreis wieder im Takt zur Musik am Außenkreis vorbei, bis der nächste Musikstopp erfolgt und ein anderes Kind aus dem Außenkreis das Clownsgesicht weiter ausschmückt.

Nach einigen Runden dürfen sich die Kinder in einem großen Spiegel betrachten – wer hat das lustigste Clownsgesicht? Die Kinder tauschen die Rollen für eine neue Runde.

AB 4 JAHREN

Sonnentanz

Material: Gymnastikreifen, 1 Gymnastikseil pro Kind, ruhige Instrumentalmusik

Die Kinder bilden Kleingruppen von sechs bis acht Kindern. Jede Gruppe erhält einen Gymnastikreifen und jedes Kind ein Seil. Ein Ende des Seils knoten sie am Reifen fest, sodass die einzelnen Seile einer Gruppe in etwa den gleichen Abstand zueinander haben. Auf diese Weise entsteht eine Sonne mit langen Strahlen.

Jedes Kind nimmt ein freies Seil-Ende in die Hand. Zum Rhythmus der langsamen Musik gehen die Kinder mit gebeugten Knien und eingezogenen Köpfen hintereinander im Kreis herum: Die Sonne schläft noch. Alle Kinder halten ihr Seil beim Gehen fest und gespannt, damit der Reifen nicht hin und her rutscht.

Nach wenigen Runden erzählt die Spielleitung, dass die Sonne nun langsam aufgeht. Die Kinder richten sich im Gehen nach und nach auf und werden immer größer, bis sie schließlich auf Zehenspitzen im Kreis herum gehen: Die Sonne scheint jetzt hoch am Himmel, bis die Kinder sie wieder untergehen lassen.

AB 4 JAHREN

Instrument, wechsle dich!

Material: verschiedene Orff -Instrumente in vierfacher Ausführung (z.B. Handtrommel, Rassel, Klangstäbe, Schellenkranz), Tanzmusik

Die Kinder bilden Kleingruppen von jeweils max. sechs Kindern und alle erhalten das gleiche Instrument. So entstehen z.B. eine Trommel-Gruppe, eine Rassel-Gruppe, eine Klangstäbe- und eine Schellenkranz-Gruppe. Alle Kinder stellen sich im Kreis auf, wobei sich die Gruppen nicht vermischen.

Ein Kind geht zum Rhythmus der Musik in Richtung Kreismitte und spielt dazu auf seinem Instrument. Alle Kinder mit dem gleichen Instrument spielen von ihrem Platz aus mit. Langsam geht das Kind in der Mitte auf ein Kind mit einem anderen Instrument zu und hört auf zu spielen, ebenso wie die anderen Kinder aus seiner Gruppe. Es geht auf seinen Ausgangsplatz zurück und überlässt dem ausgewählten Kind die Kreismitte.

Dieses begleitet die Musik eine Weile auf seinem Instrument und wird von seiner Gruppe unterstützt, bis es auf ein weiteres Kind mit einem neuen Instrument zugeht.

Variante

Die Kinder verteilen sich so im Kreis, dass alle gleichen Instrumente nicht nebeneinanderstehen. Der Reihe nach spielt jedes Kind eine Weile auf seinem Instrument, und alle Kinder, die das gleiche Instrument spielen, antworten oder stimmen mit ein.

AB 5 JAHREN

Kontakttanz

Material: Musik

Im Takt der Musik tanzen die Kinder durch den Kreis.

Ruft die Spielleitung: *„Hände reichen“*, fassen sich alle Kinder an den Händen und tanzen zusammen im Kreis herum. Ruft die Spielleitung: *„Abklatschen“*, stellen sich alle Kinder so auf, dass sie sich im Takt der Musik mit den Händen gegenseitig abklatschen können.

Weitere Möglichkeiten für den Kontakttanz:

- *„Einhaken“*: Die Kinder haken sich alle mit den Ellenbogen ein und stampfen im Takt auf den Boden.
- *„Polonaise“*: Die Kinder stellen sich hintereinander auf, fassen sich an den Schultern und tanzen durch den Kreis.
- *„Umarmen“*: Alle Kinder stellen sich im Kreis auf, legen einander die Arme um die Hüften und hüpfen im Uhrzeigersinn herum.

AB 5 JAHREN

Unter dem Regenbogen

Es fällt ein leichter Nieselregen und gleichzeitig scheint die Sonne, sodass am Himmel ein wunderschöner Regenbogen erscheint. Aber welche Farben hat eigentlich ein Regenbogen?

Material: jeweils mehrere Chiffontücher in den Regenbogenfarben Rot, Orange, Gelb, Grün, Blau, Indigo (Tiefblau) und Violett, Tanzmusik

Vorbereitung

Die Spielleitung legt ein Chiffontuch jeder Farbe in der oben angegebenen Reihenfolge zu einem Regenbogen zusammen. Die Kinder schauen sich die Farben an, benennen sie und erzählen, ob sie schon einmal einen Regenbogen gesehen haben.

Spielablauf

Die Kinder bilden Paare. Jedes Paar erhält ein farbiges Chiffontuch und stellt sich im Kreis mit dem Gesicht einander zugewandt auf, sodass ein Innen- und ein Außenkreis entstehen. Die Spielleitung achtet gemeinsam mit den Kindern darauf, dass jede Regenbogenfarbe mind. einmal vergeben ist und dass sich die Paare mit ihren Farben in der richtigen Reihenfolge der Regenbogenfarben aufstellen. Wird – je nach Gruppengröße – eine Farbe mehrmals vergeben, stehen die Paare mit der gleichen Farbe nebeneinander.

Alle Paare strecken ihre Arme in die Luft und halten die ausgebreiteten Tücher jeweils zu zweit locker gespannt fest, sodass ein farbenfrohes Regenbogen-Tücherdach entsteht.

Erklingt die Musik, tippt die Spielleitung ein Kind im Außenkreis an, das mit seinem Partner Hand in Hand unter dem „Regenbogen" einmal im Kreis herum geht.

Wie bei einer Polonaise laufen die anderen Paare direkt hintereinander unter dem Tücherdach den beiden Kindern hinterher.

Am Ende des Regenbogens stellen sich die Paare wieder mit ihren Tüchern auf. Dabei achten alle darauf, dass sie die Kreisform beibehalten.

AB 5 JAHREN

Mit Füßen, Hand und Zunge

Mit den Füßen stampfen, in die Hände klatschen und dabei gleichzeitig mit der Zunge schnalzen erfordert viel Konzentration, Aufmerksamkeit und Geschicklichkeit.

Material: Musik

Alle Kinder klatschen gemeinsam mit der Spielleitung im Takt zur Musik. Haben alle Kinder den Rhythmus heraus, begleitet die Spielleitung das Lied mit einem zweiten Körperinstrument, das die Kinder ebenfalls übernehmen. Gelingt das Zusammenspiel gut, kommt ein drittes Körperinstrument dazu. Wer schafft es, gleichzeitig mit einer Hand auf einen Oberschenkel zu klatschen, mit den Fingern der anderen Hand zu schnippen und dabei mit der Zunge zu schnalzen, oder parallel mit einem Bein auf den Boden zu stampfen, mit den Zehenspitzen des anderen Beins auf den Boden zu tippen und sich mit einer Hand auf die Brust zu klopfen?

Variante

Die Kinder setzen reihum weitere Körperinstrumente zur Begleitung ein, die alle Kinder übernehmen. Es werden jedoch max. drei „Instrumente" gleichzeitig gespielt: Das nächste vorgeschlagene Körperinstrument wird wieder allein eingesetzt.

AB 5 JAHREN

Pakettransport

Musikstopp-Spiel

Dass Pakete unterschiedlich schwer und groß sind, ist allen bekannt. Ein „menschliches Paket“ zu transportieren, erfordert Kraft, Geschicklichkeit und Einfühlungsvermögen, damit es sicher zur „Post“ gebracht werden kann.

Material: CD-Spieler, Musik-CD

Jeweils zwei etwa gleich schwere bzw. gleich große Kinder stellen sich zusammen und fassen sich an den Händen. Die Spielleitung stellt die Musik an und die Kinder bewegen sich angefasst nach der Musik durch den Raum (evtl. verschiedene Bewegungsformen ansagen). Stoppt die Musik, ruft die Spielleitung: „Pakettransport!“ Nun müssen sich die Paare untereinander einigen, wer das „Paket“ und wer der „Postbote“ sein soll, der das „Paket“ ein paar Meter transportiert. Wie der „Postbote“ das macht, bleibt ihm selbst überlassen (z. B. um den Bauch fassen und tragen, hinter sich her ziehen, im Vierfüßlerstand auf dem Rücken transportieren).

Hinweis
Es ist sinnvoll, von den Kindern vor dem Spiel verschiedene Transportformen erfi nden und ausprobieren zu lassen. So fällt es ihnen leichter, die Bewegungsformen, die sie selbst ausprobieren oder an anderen Kindern beobachten, in Motorik umzusetzen.

Variante für ältere Kinder

Ältere Kinder müssen sich nicht von Anfang an zu Paaren zusammenfinden, sondern suchen sich erst einen Partner, wenn die Musik stoppt.

Wichtig!
Die Spielleitung muss darauf achten, dass die Kinder mit ihrem „Paket“ vorsichtig umgehen. Es kann leicht passieren, dass der „Postbote“ beim Transport des schweren „Pakets“ nach vorne überschlägt und sein „Paket“ auf den harten Boden fallen lässt, oder dass er sich selbst übernimmt.

AB 5 JAHREN

Musikrutsche

Material: schnelle Musik

Ein Kind stellt sich in die Mitte des Stuhlkreises.

Im Takt der Musik rutschen alle anderen Kinder unaufhörlich reihum von Sitzplatz zu Sitzplatz. Stoppt die Spielleitung die Musik, bleiben alle Kinder sitzen.

Die Spielleitung ruft laut den Namen eines der Kinder im Stuhlkreis, das blitzschnell aufspringt und aus dem Kreis heraus läuft. Gelingt es dem Kind in der Mitte, das Kind noch im Kreis abzuschlagen, tauschen sie die Rollen. Wenn nicht, geht es in die Mitte zurück und die Musik beginnt erneut.

Register und Quellenverzeichnis

Friedl, Johanna: **Alles hat Hand und Fuß**,
Ökotopia Verlag, 1. Aufl. 2011
nicht mehr verfügbar

Hechenberger, Alois, Michaelis, Bill, O'Connell, John M.: **Bewegte Spiele für die Gruppe**,
Ökotopia Verlag, 1. Aufl. 2001
ISBN 978-3-931902-74-2

Grüger, Constanze: **Bewegungsspiele für eine gesunde Entwicklung**, Ökotopia Verlag,
1. Aufl. 2002
ISBN 978-3-936286-00-7

Friedl, Johanna: **Das Ballspiele-Buch**,
Ökotopia Verlag, 1. Aufl. 2005
ISBN 978-3-86702-342-9

Erkert, Andrea: **Das Kreisspielebuch**, Ökotopia Verlag, 1. Aufl. 2007
nicht mehr verfügbar

Wilmes-Mielenhausen, Brigitte: **Das Krippenkinder-Spielebuch**, Ökotopia Verlag, 1. Aufl. 2009
ISBN 978-3-86702-090-9

Erkert, Andrea: **Das Stuhlkreisspiele-Buch**, Ökotopia Verlag, 1. Aufl. 2003
ISBN 978-3-936286-26-7

Braun-Hornung, Anne Caren: **Fantasievolle Ballspielstunden für Krabbelmäuse**, Ökotopia Verlag, 1. Aufl. 2015
ISBN 978-3-86702-317-7

Erkert, Andrea: **Hurra – Wir spielen draußen**, Ökotopia Verlag, 1. Aufl. 2012
nicht mehr verfügbar

Erkert Andrea: **Kreisspiele für Krippen-Kids**, Ökotopia Verlag, 1. Aufl. 2014
ISBN 978-3-86702-246-0

Schwarz, Horst (Hrsg.), Loy, Christine, Jäger, Tanja, Torscher, Petra: **Krippenkinder in Aktion**, Ökotopia Verlag, 1. Aufl. 2010
ISBN 978-3-86702-121-0

Frank, Annegret: **Rangeln, Regeln, Rücksicht nehmen** – Spiele und Körperübungen für ein faires Miteinander von Kindern in Kita und Grundschule, Ökotopia Verlag, 1. Aufl. 2010
nicht mehr verfügbar

Baur, Susanne: **Wir schaukeln, bauen, balancieren**, Ökotopia Verlag, 1. Aufl. 2013
ISBN 978-3-86702-222-4

Bildnachweise
Alle Fotos: Michael C. Möller, außer: Seiten 7, 8, 19, 20, 21, 25, 31, 32, 39, 43, 45, 48, 49, 53, 65: pixabay.com; Seiten 67, 68: Adobe Stock

Lieferbare Titel der AutorInnen

ISBN: 978-3-931902-74-2

ISBN: 978-3-936286-00-7

ISBN: 978-3-86702-342-9

ISBN: 978-3-86702-090-9

ISBN: 978-3-936286-26-7

ISBN: 978-3-86702-317-7

ISBN: 978-3-86702-246-0

ISBN: 978-3-86702-121-0

ISBN: 978-3-86702-222-4